Evincepub
Publishing

i

प्रकाशक

एविन्सपब पब्लिशिंग

शिवम् कॉम्प्लेक्स, कोनी, बिलासपुर, छत्तीसगढ़ 495009

वेबसाइट : www.evincepub.com

ई-मेल : publish@evincepub.com

फोन नं. +91-9171810321

संस्करण : प्रथम

आई एस बी एन : 978-93-6355-561-7

Jai Pal Singh

INSPIRED

BY

MY

MOM

AND

DAD

DEDICATED TO MY SON

"KIAAN"

(GUBBI)

&

MY WIFE

ASHA

SPECIAL THANKS TO MY BROTHER

VIJAI

&

MY UNCLE

JAI PRAKASH NARAYAN

FOR THEIR UNCONDITIONAL SUPPORT

प्रस्तावना

अपनी पहली काव्यांजलि **(Love Life Leaves)** की अपार सफलता के बाद, इस सफर के अगले पड़ाव के रूप में अपनी दूसरी काव्यांजलि आपके सम्मुख प्रस्तुत कर रहा हूँ। उम्मीद करता हूँ इस पुस्तक को भी आपका वही प्यार, सानिध्य और सहयोग प्राप्त होगा।

फिर वहीं से अपनी बात मैं शुरू करता हूँ जिस गली में छोड़ आया था। फिर से एक नए कलेवर के साथ, फिर से एक नवेले अंदाज में उन फिसलते लम्हों को बांधने का प्रयास है जिसे जब-जब खोला जाएगा उसमें से एक ऐसी खुशबू आएगी जो आपकी आत्मा को मंत्र मुग्ध कर देगी। लिखना मेरे लिए ध्यान की ऐसी अवस्था है जहाँ परमसुख का एहसास होता है और सहसा ही ये महसूस होने लगता है कि कहीं न कहीं हम ईश्वर के बेहद करीब जाकर उसकी गोद में बैठे हैं। ज्यादातर ये छन्द अकस्मात ही रचे गये हैं बिना किसी लाग लपेट के। जिंदगी के ये वो पन्ने हैं जिसमें अनंत किरदारों का बसेरा है जहां हर वो सुक्ष्म भाव समाहित है जिसका असर हमारे अन्र्तमन पर पड़ता है लेकिन दुनियादारी के चक्कर में हम इनसे अक्सर बचकर निकल जाते हैं।

बेशक हमें ये ज्ञात है कि हम ज्यादातर समय खुद के साथ बात करने में बिताते हैं और ये आइने की उसी छवि की तरह है जो हमें समाज और इस

ब्रह्मांड के करीब रहकर हासिल है। ये कविता, ये गीत, ये शेर अक्सर उन्हीं दबे हुए एहसासों का जिक्र करते हैं जो हर एक के दिल में वाबस्ता है, जिससे हर कोई जुझता है लेकिर मन के किसी कोने में सहेज के भी रखता है।

सृजन का ये जुनून ही मेरा सुकून है वरना तो जिंदगी का ज्यादातर वक्त मशीनी है जो एक ही तरह की परिपाटी में बँधा हुआ है उसी में से कुछ जीवन्त, भावना से ओतप्रोत चुराए हुए क्षणों को आपके समक्ष प्रस्तुत कर रहा हूँ। फिर भी मैं बहुत ही विनम्रता से स्वीकार करता हूँ कि मुझमें कुछ भी विशेष नहीं है और न ही मैं रच सकता हूँ। असल रचनाकार तो वो ईश्वर है जिसने सबकुछ पहले ही रच डाला है और जो कुछ बचा हुआ है वो किरदार निभाने के लिए मुझ पर अपनी विशेष कृपा की है। खुद को सौभाग्यशाली मानता हूँ कि कुछ गढ़ने के लिए मेरा चयन किया, बाकी मन का सारथी तो परमात्मा स्वयं है।

मैंने तेरे फरमान के मुताबिक
सिर्फ कलम चलाने का काम किया है
ये सारा कमाल तुझसे है
मुझमें वो काबिलियत कहाँ ?

इस पुस्तक के कुछ पात्रों से मैं बेहद मुतासिर हूँ जिनके पास जीवन में कुछ भी नहीं और जीने की कोई वजह भी नहीं फिर भी अपने जज्बे के दम पे सारी दुनिया के लिए प्रेरणास्त्रोत है। जीवन के इस सफर में जरूरी नहीं कि सबकुछ बहुत अच्छा लगे, कई बार नागंवार वो पल आपके सबसे बड़े पथ-प्रदर्शक बन जाते हैं। इस जीवन यात्रा की तमाम असंगति, विविधता, दुविधा और उतार चढ़ाव के बावजूद भी ये हौसला बुलन्द है। और जिंदगी की इस अनंत जद्दोजहद के साथ भी एक समरसता, स्थिरता लाने का प्रयास है ये पुस्तक।

जो कुछ है जिंदगी से हासिल
पहले उसका जश्न मना लूँ
फिर कभी बाद में सोचूँगा
मेरे पास क्या नहीं है।

अनुक्रमणिका

लेकिन वहाँ माँ नहीं थी

जिंदगी ने दिया तो बहुत, मेरी आँखों में नमी थी,

कहने को बेहद खुशी थी, लेकिन वहाँ माँ नहीं थी।

जो चाहा था मिल गया, वक्त मेरा बदल गया,

फिर भी कुछ तो कमी थी, लेकिन वहाँ माँ नहीं थी।

मुझमें कोई हुनर नहीं, बस उसकी दुआएँ लग गई थी,

झोली मेरी भर गयी थी, लेकिन वहाँ माँ नहीं थी।

मुझे उसके बलिदान से, जहाँ की दौलत मिल गई थी,

कामयाबी की फेहरिस्त अपार लम्बी थी, लेकिन वहाँ माँ नहीं थी।

जो कभी तुमको मयस्सर न हुआ, वो बाँटने के काबिल बन गया।

सारी निगाहें मुझपे जमीं थी, लेकिन वहाँ माँ नहीं थी।

जिन्दगी के हर खेल में, जीती बाजियाँ कह रही थी,

ट्रॉफी कितनी ही सजी थी, लेकिन वहाँ माँ नहीं थी।

वो मालिक भी सोच रहा है, ये किसकी इनायत मुझपे पड़ी थी,

हैरत में सारी सर जमीं थी, लेकिन वहाँ माँ नहीं थी।

जिससे वजूद है मेरा, अब हरदम रहता है जीवन में सवेरा,

सेज पलकों की बिछ गयी थी, लेकिन वहाँ माँ नहीं थी।

आज मुझे सबकुछ जहाँ में हासिल, बना दिया इतना काबिल,

उसकी उम्र मुझे लग गई थी, लेकिन वहाँ माँ नहीं थी।

मैं हमेशा हारता रहता था, तू हर बार हौसला देती थी,

अब जीतने की आदत पड़ गयी थी, लेकिन अब माँ नहीं थी।

पापा आप रोते क्यों नहीं ?

किस मिट्टी के आप बने हो, क्या आपको दर्द होता नहीं ?

हमेशा हँसकर सबकुछ सहते हो, पापा आप रोते क्यों नहीं ?

सबके लिए अक्सर मिटते हो, क्या आपकी कोई हस्ती नहीं ?

दिल टूटा और आह भी नहीं, पापा आप रोते क्यों नहीं ?

आपसे है सबकुछ रौशन, आपके बिना मैं कुछ भी नहीं,

हर जख्म, जैसे मरहम हो, पापा आप रोते क्यों नहीं ?

जिम्मेदारियों के बोझ तले, कभी आप थकते नहीं,

जब सबके आँसू छलकते हैं, तब भी आप रोते नहीं ?

मैंने हरदम ही चलते देखा है, क्या कभी आप रुकते नहीं ?

जिन्दगी की चक्की में पिसते रहते हो, पापा आप रोते क्यों नहीं ?

कलेजा कर लिया पत्थर का, या आपकी आँखों में नमी नहीं,

आपके दिल को कोई भी दहलाए, फिर भी आप रोते क्यों नहीं ?

साथ सबको लेकर चलते हो, किसी से कोई गिलह नहीं,

चाहे कितना ही कोई सताए, फिर भी आप रोते क्यों नहीं ?

कितना ध्यान सबका रखते हो, फिर भी माथे पर शिकन नहीं,

कुर्बान सबकुछ, सबके लिए, फिर भी आप रोते क्यों नहीं ?

कलेजा मुँह को आ ही जाता है, कोई आप फौलाद के बने तो नहीं ?

लहू पानी-पानी हो जाता है, फिर भी आप रोते क्यों नहीं ?

आज जाने क्या बीती आप पर, कभी आप इतना हँसते तो नहीं ?

जरूर कोई गम हद से गुजरा है, पापा आप रोते क्यों नहीं ?

जो होना था हो ही गया

देखा जो तुम्हें तो, ये दिल धक से रह गया,

सदियों का लंबा सफर, जैसे एक पल में गुजर गया।

खोजा तो मुझे मिला ही नहीं, मैं ढूँढ़ता रह गया,

जो इतना रहता था दिल के करीब, जाने वो किधर गया।

बहुत आगे की तैयारी थी, ये जाने क्या हो गया ?

जिन्दा रहने की बहुत जिद थी, सामना मौत से हो गया।

संभल-संभलकर खूब चले, हादसा फिर भी हो गया,

चोट ऐसी लगी दिल पे, कि कालेजा मुँह को आ गया।

जाने क्यों ऐसा लगा, जैसे सब पहले से तय था,

मुझे तो बस चलना था, जो होना था, हो ही गया।

लोगों के इस मेले में, इंतजाम भरपूर कर रखा था,

हाथ पकड़कर खूब चले, फिर भी वो बिछड़ ही गया।

किस जन्म की ये कहानी है? कोई धुँधली सी निशानी है,

है ये मुझको यकीन, मैं कुछ मतलब समझ ही गया।

वो भी क्या दिन थे, जो न गुजरते थे तेरे बिन

अब, रातों का सफर भी, विरान सा रह गया।

जब भी दिल से याद करते, आप नजरों के करीब होते,

मेरे सपनों में आपका आना भी, अब एक सपना हो गया।

चलते रहते हैं कि बस चलना है, कि मुझे रूकना आता नहीं,

मरने की हिम्मत बची नहीं, लिहाजा, जीना पड़ गया।

मजा जीने का ले रहा है

सुबह-सुबह ये किसकी कढ़ाई में, पानी खौल रहा है,

लगी है चुल्हे में आग, धुआँ सा उठ रहा है।

गजब की है बेफिक्री, कि न कोई ठौर ठिकाना,

खुले आसमाँ तले जमीं में, ये खाना पक रहा है।

धन-दौलत, शोहरत के अलावा भी, हमें और सबकुछ चाहिए,

वहीं, कोई बंजारा इस शानो शौकत को, अपनी ठोकर पे रख रहा है।

भूख मिटती नहीं हमारी, जाने ये कैसी तलब है,

यहाँ खाली पेट सुबह से, कोई एक रोटी को तरस रहा है।

जाड़ा, गर्मी, बरसात ये मौसम, हमें हमेशा ही परेशानी है,

वो हरदम, हर हालात में, मजा जीने का ले रहा है।

बहाने हम ढूँढ़ ही लेते हैं, आँसू बहाने के लिए,

और, वो सरेआम, ठहाके लगाकर हँस रहा है

रेशम का बिस्तर भी, हमारे बदन को छिदता है
वहाँ वो पत्थर पे सर रखकर, चैन की नींद सो रहा है।

यहाँ खामखाँ का दिखावा करके, हम झूठी डिंगे हाँक्ते रहते हैं,
वो खाली हाथ हिम्मत के दम पे, चुनौती हमको दे रहा है।

मालूम है सबको सबकुछ, फिर भी हर कोई समेट रहा है,
और कुछ भी तो नहीं है उसके पास, फिर भी वो बाँट रहा है।

मुझे विजेता बना दिया

सारे जहाँ की परेशानियों को, तेरी गोद में रख दिया,

मैंने अपना सारा दर्द, माँ तुझको आज सौंप दिया।

वक्त के थपेड़ों ने चाहे, मुझे झकझोर दिया,

थका हारा मैं आकर, माँ तेरे आँचल में सो गया।

गिरता रहा, उठता रहा, ये सिलसिला चलता ही रहा,

माँ के लगातार हौंसले ने, मुझे अव्वल बना दिया।

मुझको ये अहसास ही नहीं, तू मुझमें इतनी है रची बसी,

तेरी हर परछाई ने, मुझे विजेता बना दिया।

मुझको भी बहुत बहाने मिले, मैं टूटकर बिखर जाता,

तेरी तपस्या और त्याग ने, मुझको संवार दिया।

टेढ़ी मेढ़ी जिन्दगी की चाल, और उसपर तू कमाल,

हर मंजिल तक पहुँचने का, तूने रास्ता बना दिया।

मुझे परवाह नहीं जहाँ की, साथ कौन-कौन छोड़ गया,

तू हरदम है मुझमें शामिल, मुझे सबकुछ मिल गया।

लोगों ने दिखावा खूब किया, बातों के शहंशाह बहुत मिले,

तेरी खामोशी का मैं हूँ कायल, तूने सब करके दिखा दिया।

वो सचमुच का खुदा है

अंधेरों से बहुत घबराता था, इन उजालों ने सँभाल कर रखा है,

खिलखिलाकर सुबह हुई है, तूने आशीषों का रूमाल रखा है।

तेरे सिवाए कोई न मेरा, सारे जहाँ में घुमकर देखा है,

मैंने जब भी तुझे पुकारा, तूने मेरे सर पे हाथ रखा है।

कहीं बदहाली का ये आलम है, कि तन से कपड़ा भी उतर चुका है,

और यहाँ तूने मुझे, अपनी गोद में बिठा रखा है।

चकाचौंध रह गई आँखें, ये तूने क्या-क्या रच रखा है,

जाने, किन बातों में मैं उलझा था, अब मन का मौसम बदल रहा है।

वो अक्सर मुझसे कहता था, ये हुनर क्यों दबा रखा है?

मैं कैसे कहूँ अब उससे, सब उसने सजा रखा है।

एक वक्त ऐसा भी आता है, जब हौसला कम पड़ता है,

तूने हारने न कभी दिया, जीत का जज्बा कायम रखा है।

मुझे हैरत होती है उनपे, ये कैसा बदगुमानी का रंग चढ़ा है,

यहाँ अपना कुछ भी तो नहीं, फिर भी शहांशाह खुद को समझ रहा है।

सबको सबकुछ मालूम तो है, फिर क्यों ये नशा चढ़ा है,

कुछ पल के यहाँ मेहमान हो, और तुमने डेरा जमा रखा है।

सबकुछ आजमाने के बाद, ये मुझको यकीन हो चला है,

मैं फिर भी इंसान हूँ, और वो सचमुच का खुदा है।

शब्दार्थ

बदगुमानी – शक, कुधारणा

फिर भी हौसला मिल रहा है

बहुत सुन ली जहाँ की बातें, फिर भी ठोकर खाकर सीखा है,

जो मुझपर चढ़ा ही नहीं, वो लोगों का रंग बेहद फीका है।

करता रहा मैं अपने मन की, जो माँगा है वही मिला है,

मैंने कभी न सोचा, मेरी किस्मत में जाने क्या लिखा है।

बड़ा भला इंसान है वो, कहाँ उसने गुनाह किया है,

मेरी इजाजत लेकर ही, उसने मेरा कत्ल किया है।

चुपचाप बैठे रहो जो नाराज हो, तुम्हें मुझसे क्या लेना है,

आ जाएगी होठों पे हँसी, मेरा चर्चा क्यों कर लिया है।

मेरे हित की बात करता है, उसने मुझको मोह लिया है,

अब करने की मेरी बारी है, बहुत संकोच हो रहा है।

इतना मुझको यकीन है, मुझे हासिल सब हो रहा है,

अब और क्या-क्या माँगू, मेरा जी जो भर गया है।

उसने चाहा और कर दिखाया, खुद को बदल दिया है,

उसे देखने वाले सदमें में हैं, वो किस ऊँचाई को छू रहा है।

उसको क्या मालूम, आज वो दिन भी आ गया है,

जिसे देता था वो भीख, आज वो खुद दानी बन गया है।

बाहर है घोर अंधेरा, मन के भीतर दिया जल रहा है,

कदम बढ़ाने की वजह तो नहीं, फिर भी हौसला मिल रहा है।

जिन्दगी मौत के इस सफर में, हर कोई दाँव खेल रहा है,

उस एक पल की बादशाहत के लिए, मैंने भी स्वयं को झोंक रखा है।

आखिर जाना कहाँ है ?

बड़े परेशाँ से फिरते हो, किसके मन की करते हो?
खामखाँ खुद से उलझते हो, आखिर जाना कहाँ है?

थोड़ा तो यहाँ सुस्ता लो, किस तेजी में रहते हो?
हमेशा क्यूँ भागते रहते हो, आखिर जाना कहाँ है?

कभी अपने दिल से पूछ देखो, क्यों भीड़ की सुनते हो,
तेरे भीतर हैं सारे रास्ते, आखिर बाहर जाना कहाँ है?

जो हासिल है हसीन धोखा है, यहाँ हर कोई खोया-खोया है,
मोह माया में बँधा जहाँ है, आखिर जाना कहाँ है?

अच्छे-अच्छों की आँखों पे पर्दा है, वो खुश है, क्या उसकी अदा है,
दूर-दूर तक धुँध यहाँ है, आखिर जाना कहाँ है?

बंद आँखों से बहुत ख्वाब देखे, ये खुली आँखों का सपना है,
घूम-फिरकर सब बिखर जाना है, आखिर जाना कहाँ है?

जो भी चाहो यहाँ तुम पा लो, भले आसमाँ सर पे उठा लो,

जो भी है सब धुआँ है, आखिर जाना कहाँ है?

अपनी कामयाबी पे खूब इतराते हो, फूले नहीं समाते हो,

ये फरेबी हवा का झोंका है, आखिर जाना कहाँ है ?

एक दिन सबकुछ छूटने वाला है, तू ही चाबी है, तू ही ताला है,

तुझमें ये सारा जहाँ है, आखिर जाना कहाँ है ?

यहाँ खुश हूँ मैं भरोसा करके

हाल वो पुछता है, मेरा कत्ल करके

मेरे हाथ अब भी उपर हैं, उसकी सलामती की दुआ करके।

वो बहुत तेज निकला, काम मेरा तमाम करके,

मैंने दोस्ती फिर भी निभाई, यूँ खुद को बरबाद करके।

उसकी फितरत वो ही जाने, आया वो मुझे आजमाने,

उसे धोखा देकर भी मलाल नहीं, और यहाँ खुश हूँ मैं भरोसा करके

सब रहते हैं इसी जहाँ में, संत भी और बदमाश भी,

मैंने बदला न अपना मिज़ाज, भला रख दे मुझे वो चीर के।

उसके कहने की देर थी, मैंने जान की बाजी लगा दी,

वो मैदान छोड़कर ऐसा भागा, कि फिर न देखा पलट के।

जिसके लिए मैं लूट गया, उसने क्या खूब अभिनय किया,

वो तमाशा देखता रहा, चेहरे पे मुखौटा पहन के।

लाचारी उसने मुझे दिखाई, झूठे आँसू बहा के,
मैं फिर भी खामोश रहा, झाँसे में उसके आ के।

मैं देने में खोया रहा, उसकी मजबूरी जान के,
उसने फिर वापस न लौटाया, जो वो ले गया माँग के।

हर जगह है उसकी आहट, वो आता नहीं बोल के,
कहाँ है उसका ठिकाना, बताए कोई पता करके।

ये मक्कारी, ये फरेब, ये छलावा, आज भरा है रग-रग में,
तुमने अपनी रूह को मार ही डाला, अब क्या फायदा सब हासिल करके।

पापा, मैं अब आपके जैसा लगता हूँ

आपकी तस्वीर को जब भी देखता हूँ, तो खुद से यही कहता हूँ

पापा मैं आपके जैसा लगता हूँ

आपकी तरह मैं भी, अब हर हाल में खुश रहता हूँ

पापा मैं आपके जैसा लगता हूँ

प्यास हर कोई बुझा ले मुझसे, सो हर वक्त मैं बहता रहता हूँ

पापा मैं आपके जैसा लगता हूँ

मेरे अपनों की खातिर, हर दर्द सहता रहता हूँ

पापा मैं आपके जैसा लगता हूँ

अब मेरे चेहरे पे झुर्रियाँ आने लगी, आइने में खुद को देखता हूँ

पापा मैं आपके जैसा लगता हूँ

पहले तो कभी अहसास न था, अब बार-बार महसूस करता हूँ

पापा मैं आपके जैसा लगता हूँ

हाव भाव मेरे हूबहू है वही, मैं आपकी पुरानी तस्वीर देखता हूँ
पापा मैं आपके जैसा लगता हूँ

वो वक्त भी गुजर ही गया, इस वक्त को भी ढ़लते देखता हूँ
पापा मैं अब आपके जैसा लगता हूँ

आपकी याद सहसा आने लगी, उन बातों में खुद को ढूँढता हूँ
पापा मैं अब आपके जैसा लगता हूँ

आपके माथे की सिलवटों में, उम्र का लम्बा दौर खोजता हूँ
पापा मैं अब आपके जैसा लगता हूँ।

जिन्दगी से तुम न हारना

अब जिन्दगी ही तुमसे हारे तो हारे, जिन्दगी से तुम न हारना

इस जिन्दगी को भी तो पता चले, आखिर किससे है उसका सामना

जब जिन्दगी ने गम देना न छोड़ा, तो बर्दाशत करना तुम क्यों छोड़ दो

जिन्दगी की यही जिद है, तो कितना जोश-ए-जुनून है जमाना

जब खुशियाँ हमेशा साथ न रही, तो गम भी साथ न रहेंगे

इन गमों को खुशी बनना ही है, कभी कोशिश न तुम छोड़ देना

परेशानियाँ कभी पीछा छोड़ती नहीं, तुम परेशानियों का पीछा न छोड़ना

जब तक परेशानियों का दम न घूँटने लगे, तब तक हिम्मत न हारना

सदमें भी तुम्हें लगेंगे बहुत, कई जख्मों से सामना होगा

इन जख्मों को कभी भरने न देना, इस दिल में तूफान रखना

साथ कोई न तुम्हारा देगा, सिर्फ तुम हो तुम्हारे साथ

ये वक्त जरूर बदलेगा, कभी टूटकर बिखर न जाना

इन अँगारों को जिगर में उतरने दो, दिल जलता है तो जलने दो

सुलगते लहू में डुबी हुई कलम से, तुम अपनी दास्ताँ लिखना

कहीं घबरा के रूक न जाना, जरा-धीरज से काम लेना

अब जिन्दगी ही तुमसे हारे तो हारे, जिन्दगी से तुम न हारना

न जिन्दगी ने तबाहियों का सिलसिला छोड़ा

न हमने जिन्दगी से मुँह मोड़ा

अगर ठहरे तो सारा वक्त ठहरे

तुम अकेले ठहर न जाना।

अब जिन्दगी ही तुमसे हारे तो हारे,

जिन्दगी से तुम न हारना ।

क्या बसंत को किसी ने देखा है?

सूरज की किरणों में, दिन के उजाले में

जो आए बसन्त, तो सब देखे हैं ।

चँदा की चाँदनी में, रात के अँधेरे में

जो आए बसन्त, तो उसको कौन देखे है ।।

दुनिया ने या तो कली को देखा, या फिर फूल को देखा है।

लेकिन कली को फूल बनते हुए, सिर्फ रात ने देखा है।।

क्या बसन्त को किसी ने देखा है?

कोई चेहरा जो दिन में ओढ़े है चुनरिया,

तो सारी दुनिया देखे है।

रात, चंदा जब ओढ़े बादलों की चुनरिया,

तो उसको किसने देखा है।।

क्या बसन्त को किसी ने देखा है ?

सूरज के उजाले में, जब नहाती है सारी कायनात

तो हर नज़र नजारा करती है।

जब ओस की बूँदों में नहाती है रात

तो उसको किसने देखा है।।

क्या बसन्त को किसी ने देखा है ?

कब आए पेड़ों में पत्ते, कब खिले बागों में फूल।

क्या इन जिन्दगी को साँस लेते हुए, किसी ने कानों से सुना है।।

क्या बसंत को किसी ने देखा है ?

रात की खामोशी में, क्या खामोशियों को बोलते सुना है।

जो बातें कानों को सुनाई न पड़े, क्या उनको महसूस करके देखा है।।

क्या बसंत को किसी ने देखा है ?

उसकी गली से जो गुजरे है पवन, तो मेरे जहन में उतरे है।

बिन बातों के बात बढ़ती जाए, क्या इसका मतलब किसी ने समझा है।।

क्या बसंत को किसी ने देखा है ?

बड़ी तनहा, गुमशुम सी लगती है रात, किसने समझी है रात की बात

मन मन जब मुस्काए रात, क्या उस मुस्कान को किसी ने देखा है।।

क्या बसंत को किसी ने देखा है।

तेरी कसम सुधर जाऊँगा

दिल में जो दर्द सा बह रहा है, कोई तो निचोड़ दे,

इस हाल में भी जिंदा रहा, तो जीते जी मर जाऊँगा।

सारे ही रास्ते बंद हैं, खड़ा हूँ उस मोड़ पे,

यहाँ भी भटक गया तो, जाने फिर किधर जाऊँगा।

बड़ी मुश्किल से सँभाले रखा है, खुद को कैसे जोड़ रखा है,

यहाँ से अगर फिसला तो, हमेशा के लिए बिखर जाऊँगा।

मुझे अब सुझता कुछ नहीं, तू यहाँ है कि नहीं,

सुराग तेरा कोई न मिला, अब वापस न उधर जाऊँगा।

अपनी यादों से कह दो, मुझसे यूँ न लिपटा करे,

मेरा रास्ता ऐसे न रोके, मेरी मर्जी मैं जिधर जाऊँगा।

या तो तू ऐसा कर, मुझे मेरे हाल पे छोड़ दे,

या हाथों में हाथ दे दे, तेरी कसम सुधर जाऊँगा।

बेशबब यूँ ही फिरते हो, जरा मुझे भी साथ ले लो,
इन फिजाओं में तेरी खुशबू से, बेशक मैं निखर जाऊँगा।

कि अब मुझसे काम होता नहीं

आराम की लग गई लत, अब मुझसे काम होता नहीं,

कौन करे रोज ये कवायद, कि अब मुझसे काम होता नहीं।

बेफिजुल है ये मगज़मारी, बेकार है ये दौलत सारी,

सबको लगी है यही बीमारी, कि अब मुझसे काम होता नहीं।

हर दिन का यही झमेला, यहाँ झूठ मूठ का लगा है मेला,

हर कोई है यहाँ अकेला, कि अब मुझसे काम होता नहीं।

मेरे खुद से हैं इतने सवाल, कि कदम आगे को बढ़ते नहीं

वही थके-थके से मिले हैं जवाब, कि अब मुझसे काम होता नहीं।

इस दुनिया में क्यों मैं आया, ये किसने मुझे बुलाया ?

कहीं कुछ भी समझ न आया, कि अब मुझसे काम होता नहीं।

जाने ये कौन सी दौड़ है, जो खतम होती ही नहीं,

मंजिल का मुझको पता ही नहीं, कि अब मुझसे काम होता नहीं।

हर कोई यहाँ चलता है, किसी ने खुद से पुछा नहीं,

मेरी, किसी को रोकने की मंशा नहीं, कि अब मुझसे काम होता नहीं।

कहते हैं जिन्दगी एक खोज है, लेकिन खोजकर भी होगा क्या ?

खो जाती है, यहाँ हर निशानी, कि अब मुझसे काम होता नहीं।

जो कुछ भी है यहाँ क्षणिक है, कोई जन्म-जन्म का वादा तो नहीं,

फिर क्या खोना, क्या पाना ? कि अब मुझसे काम होता नहीं।

सो-सोकर उठ जाता हूँ, फिर उठ-उठ कर सो जाता हूँ,

ये वक्त है कि कटता नहीं, कि अब मुझसे काम होता नहीं।

शब्दार्थ

कवायद – कार्यविधि, नियमावली

मुझे जिन्दा कर दिया

मैं तो मरने चला था, जिन्दगी से निराश था,

तूने हाथ पकड़कर, मुझे जिन्दा कर दिया।

नजर दूर तक, जहाँ तक जाए, सब अंधेरा ही अंधेरा था,

अपनी रौशनी भर के तूने, मुझमें उजाला कर दिया।

ना उम्मीदी के शिखर पे बैठा, सारी आशाएँ छोड़ चुका था,

जाने कहाँ से तूने आकर, उम्मीद का खजाना खोल दिया।

कई बार जब मुझे लगा, कि बस अब और नहीं,

बेबस मेरी लाचारी को, तूने दरकिनार कर दिया।

जहाँ सारे रास्ते बँद हो गए, तो दरवाजा तेरा खुल गया,

मेरी इंसानी सोच से परे, तूने साकार सब कर दिया।

सागर के बीच तूफान में, जब मेरा डूबना तय था,

तूने भँवर से निकालकर, मुझको उबार दिया।

अपनी एक सीमा के बाहर, मैं तो हार कर बैठ गया,

ये अजूबा सब देखते रहे, और तूने मुझको जीता दिया।

मालिक ने जो अता फरमाया, मैंने सब दाँव पे लगा दिया,

अब उससे भी रहा न गया, उसने आकाश झुका दिया।

उसने हमको बनाया है, उसे हमारी शिकस्त बर्दाशत नहीं,

हमारी जिद़ के आगे बुलंदी का, उसने परचम लहरा दिया।

अब मरने का समय आया है

बहुत जिन्दा रह लिए, अब मरने का समय आया है,

रिश्ते नाते सब छोड़ चले, अब मरने का समय आया है।

बीता आ गया पलकों के सामने, अब मरने का समय आया है,

एक शब्द कहने की हिम्मत भी नहीं, अब मरने का समय आया है।

मेरी मर्जी चली ही नहीं, ये किसने मुझे बुलाया है,

अधूरे पड़े हैं बहुत से काम, और अब मरने का समय आया है।

जिन्दा साँसों की कोई कद्र नहीं, अब रह रहकर वो ख्याल आया है,

ये धड़कनें भी थमने लगी, अब मरने का समय आया है।

जो बटोरा, वो भोगा ही नहीं, अब चलने का समय आया है,

सोचा था बहुत वक्त बाकी है, और यहाँ मरने का समय आया है।

जितना मुझसे बन पड़ा, मैंने वो बंधन निभाया है,

एक पल में सब छूट गया, अब मरने का समय आया है।

मालिक ने जो भी दिया, उसके बन्दों पे लुटाया है,

मेरा तो यहाँ कुछ भी नहीं, अब मरने का समय आया है।

हमेशा यहाँ कोई रूकता भी नहीं, मेरे भी जाने का समय आया है,

बहुत अच्छी रही मेहमान नवाजी, अब मरने का समय आया है।

याद सबकुछ आ गया, मैंने जो भी भूलाया है,

जीने का हौसला सबको देते थे, अब मेरे मरने का समय आया है।

जो करना है आज कर लो, इस पल में सब समाया है,

मैं चला, अलविदा दोस्तों, अब मरने का समय आया है।

खुदा, उसे वो करामात दो

अकेला ही चल पड़ा हूँ, बस तुम मेरा साथ दो,

आवारा हवाओं ने जकड़ रखा है, पहले इनको तुम मात दो।

मन के भीतर फंदे बड़े हैं, बाहर निकलने को अड़े हैं,

किसी सहारे की राह तकते हैं, जाओ इनको तुम हाथ दो।

सुबह से निकले हैं ये परिंदे, चंद दानों की तलाश में,

दिन के उजाले में थक चुके हैं, इन्हें सुस्ताने को रात दो।

सर्दियों से काँपते इस मौसम में, वो रातभर ठिठुरते हैं आसमां तले,

आ जाए गर्माहट पूरे बदन में, ऐसा चमकता प्रभात दो।

वो कब से उदास बैठी है, मन मसोसकर मायूस डँटी है,

उसके चेहरे पे ले आऊँ हँसी, मुझे ऐसी कोई बात दो।

हमेशा वो हारत रहता है, एक जीत की राह तकता है,

हर दिल पे वो राज करे, या खुदा, उसे वो करामात दो।

वो बेचारा मुक़द्दर का मारा, जिन्दगी से टूट चुका है,

इससे पहले कि वो दम तोड़े, उसे फिर से एक शुरूआत दो।

यूँ ही नहीं बन जाता, हर कोई यहाँ खलीफ़ा,

तराशने दो इस वक़्त को, या उसको वो हालात दो।

सहज ही इस जहाँ में, कोई अजूबा घटता नहीं,

या तो असीम खुशी मिले, या दिल में कोई आघात दो।

अब मुझे कोई तलाश ही नहीं

मंदिर में जाकर ऐसा बैठा, कि फिर उठा ही नहीं,

इतना सुकून मिला, कि फिर वहाँ से हटा ही नहीं।

काँधे पे लिए फिरता था, ये जिन्दगी का बस्ता बहुत भारी था,

उतारकर ऐसा रखा, जैसे कभी कुछ था ही नहीं।

इस कदर मैं भागता रहा हूँ, जैसे कहीं कोई पड़ाव ही नहीं,

मंदिर की सिढ़ियों पे सब कुछ पाया, अब मुझे कोई तलाश ही नहीं।

पलकें अपनी झुकाकर, रोज सामने से गुजरता रहा,

उसके दर पर है लंबी कतारें, मैं उस हुजूम का हिस्सा बना ही नहीं।

यहाँ हर कोई है एक सौदागर, सबने तुझसे सौदा किया,

अपने मन को मैंने भी टटोला, लेकिन वो मुझको गंवारा ही नहीं।

माँगने वालों का ताँता लगा है, भला किस-किस को तू देता,

तेरे सर पे मैं भी सवार, ये भला मुझसे हुआ ही नहीं।

बेचैनियाँ लिए फिरता था, परेशाँ सा हर दम रहता था,

तूने मुझपे क्या जादू किया, जैसे अब कोई फ़िक्र ही नहीं।

सारे जहाँ का झमेला लिया, लेकिन हासिल कुछ भी नहीं,

देखने वालों को यही लगा, जैसे मुझे कुछ हुआ ही नहीं।

वो दुनियादारी में इतने मशगुल हैं, कि उनका कोई गुजारा नहीं,

थक हार कर चले ही आते हैं, तेरे बिना कोई सहारा ही नहीं।

मुझे मेरा सुकून मिला है

मैं क्यों बुझा-बुझा सा रहूँ, मुझे मेरा सुकून मिला है,

उसे, उसके हिस्से का हुनर, और मुझे मेरे हिस्से का जुनून मिला है।

मैंने नर्मी फिर भी बरती है, अपने हर लहजे में,

और उसको आग लगाने के लिए, एक मेरा ही खून मिला है।

अब गुनाह करने से कौन डरे, कौन अदालत से खौंफ खाए,

मुजरिम नहीं है यहाँ कोई भी, साथ हमेशा कानून का मिला है।

मेरा कुछ भी नहीं, ये तो मालिक की अलामत है,

उसकी करामात से ही, मुझे लिखने का फुनून मिला है।

ये फिजा, ये मौसम, आबोहवा, हर चेहरा है मुझमें बसा,

मेरी तो कोई काबिलियत नहीं, फिर भी आपका ममनून मिला है।

उसकी दिवानगी वो ही जाने, खुद को कर दिया मेरे हवाले,

मेरी जिम्मेदारी है हद से ज्यादा, मुझे उसका अनून मिला है।

मुझमें कुछ भी तो खास नहीं, जरूरत से ज्यादा सबकुछ मिला है,

साथ हमेशा निभाने वाला, मुझे कोई अफलातून मिला है।

मेरी जिन्दगी में शामिल, वो है मुकम्मल खातून,

और वो बड़े प्यार से मुझसे कहती है, ये उसे कौन कार्टून मिला है।

शब्दार्थ

अलामत – चिह्न, निशानी, छाप, मुहर

फुनून – विविधता, वैराइटी, कला

ममनून – आभारी, शुक्रगुजार, भरोसेमंद

अनून – सम्पूर्ण, समग्र

अफलातून – होशयार, चालाक

खातून – बीबी, श्रीमती, कुलीन महिला

तो थोड़ा कयाम कर लिया

ऐसी भी क्या जल्दी थी, आराम हराम कर लिया,

अपने ही हाथों से, खुद को तमाम कर लिया।

बाजार में, मैं कहीं भी नहीं, और आप नशे में धूत हो,

कुछ तो कहिए जनाब कहाँ से, आपने ये इन्तजाम कर लिया।

ये भी खूब है कि, आपकी बनती नहीं किसी से

फिर भी हर अजनबी से, आपने सलाम कर लिया।

कुछ तो मजबूरी होगी, जो वो मुँह फेरकर गुजर गया,

अच्छा किया आपने, उससे भी कलाम कर लिया।

आपके क्या कहने, आपने सारा ज़हान जीत लिया,

फिर किसके प्यार में दिल हारकर, खुद को गुलाम कर लिया।

इस सफर में, मैं अकेला नहीं, सबको साथ लेकर चलना है,

वापस भर जाए जोश रग-रग में, तो थोड़ा कयाम कर लिया।

वो भी एक दौर था सर छुपाने के लिए, बस इस आसमां का सहारा था

अब ये आलम है सलीके से नहाने के लिए, खुद का हम्माम कर लिया।

शब्दार्थ

मैं – शराब, जाम

तमाम – समाप्त, खत्म करना

कलाम – बातचीत, बोलना

कयाम – ठहराव, पड़ाव, ठिकाना

हम्माम – स्नानागार, नहाने का स्थान, गुसलखाना

मैं कभी मैदान नहीं छोड़ता

रोज ही घर से निकलता हूँ, रोटी की तलाश में,

अब ये और बात है कि, रोज खाना नसीब नहीं होता।

मैं कैसे झूठ कह दूं, कि मेरा हौसला नहीं टूटता,

फिर भी जीत का जज्बा रखता हूँ, मैं पीछे नहीं मुड़ता।

जो कुछ भी है मेरे वश में, उस वादे से नहीं मुकरता,

मंजिल मिले, न मिले मुझको, कदम बढ़ाने से नहीं हिचकता।

तरकिबें बहुत लगा ली, हमेशा होता नहीं मन का,

मेरे बच्चों की कसम, मैं यूं ही हिम्मत नहीं हारता।

गिरता हूँ, उठता हूँ, फिर से निकल पड़ता हूँ,

हो जाए चाहे कुछ भी, मैं कभी मैदान नहीं छोड़ता।

धड़कनों की उथल पुथल में, खुद से जुझता रहता हूँ,

फिर भी हालातों के आगे, कभी घुटने नहीं टेकता।

अगले पल जाने क्या होगा, इस कश्मकश में अक्सर रहता हूँ
लेकिन चल पड़ा तो, फिर पीछे भी नहीं हटता।

इस दुनिया में मैं अकेला नहीं, मुझसे जुड़ी है कई जानें,
उनकी खातिर अपने आराम से, मैं समझौता नहीं करता।

खुद से है मुझे उम्मीदें, भले यहाँ होते हैं ज़मीर के सौदे,
मालिक की जो मुझपे मेहर है, मैं यूं ही हल्के में नहीं लेता।

मुझे वो जिन्दा चाहिए

जिसने सबको दहला दिया, मुझे वो बंदा चाहिए,

लेकिन शर्त ये है कि, मुझे वो जिन्दा चाहिए।

कौन जाने कहाँ से उसमें, इतना फितूर सवार हुआ,

इतना खुद से पशेमान, इतना शर्मिन्दा वो चाहिए।

मैं भी सुनता रहा हूँ, खूबसूरत कई नगमें

लेकिन मुर्दे को जो जिन्दा कर दे, वो गज़ल चुनिन्दा चाहिए।

इतनी बेपनाह मोहब्बत, जो मार डाले या मर मिटे,

अपनी इस मिट्टी को जो माँ समझे, वो बाशिंदा चाहिए।

उसने ज़मीर अपना बेच डाला, ईमान गिरवी रख दिया,

फिर भी जो इंसानियत का सौदा न करे, वो खरा धंधा चाहिए।

तुमको क्या मालूम, वो है खरा सोना,

कोई उसको पहचान न पाए, इतना गंदा वो चाहिए।

खुद ब खुद वो निखर उठेगा, जो चाहे तुम कर लो,

तेरे तपते लफ्जों से वो तराशा जाएगा, इतनी निंदा चाहिए।

बिन तेरे मैं मुर्दा ही रहा, जहाँ में आया और चला गया,

अगले जन्म तुम मुझे ही मिलना, इतना सा वादा, आइंदा चाहिए।

तू कभी मेरी न हो सकी, मैं कभी तेरा न हो सका,

तूने जो खुद के भीतर दफन किया, उन साँसों का पुलिंदा चाहिए।

शब्दार्थ

पशेमान – लज्जित, शर्मिंदा, अफसोस

बाशिंदा – निवासी, नागरिक

पुलिंदा – गठरी, बंडल

तुमसे तो न निभाया जाएगा

अब मैं ही निभाऊँ तो निभाऊँ, तुमसे तो न निभाया जाएगा,

घर हमारा टूटने लगा है, तुमसे तो न बचाया जाएगा।

तुम साथ-साथ हमेशा चलोगे, ये बस, महज़, एक ख्याल है,

तेरे बारे में इससे ज्यादा, मुझसे तो न बताया जाएगा।

ये अदब, ये दुनियादारी, ये समझदारी, सबकुछ है सिर्फ मेरे लिए,

तुमने जता ही दिया, ये तुमसे तो न सँभाला जाएगा।

और किसकी तलब करते हो, तुमने जो चाहा मिल ही गया,

बस कट जाएगी ये जिन्दगी, यूँ ही आराम फरमाया जाएगा।

मुझे साथ निभाने की चिंता ज्यादा है, और तुझे साथ छूटने का मलाल भी नहीं,

कोई ऐसे चले भी तो आखिर कब तक, एक दिन तो सब बिखर जाएगा,

भले टूटकर बरबाद हो जाओ, लेकिन तुम्हें झुकना गँवारा नहीं,

कब तक करोगे ये मनमानी, एक दिन तो सब बदल जाएगा।

आप अकेले ही अच्छे भले थे, खामखाँ क्यों खुदखुशी कर ली,

जान लेना तुम्हारी फितरत है, जान देना तुम्हें क्या आएगा।

वो तो मेरी ही दीवानी है

ये दिन कुछ खिला-खिला सा है, रातें भी सुहानी है,

ये लहजा भी कुछ नया नया सा है, बातें वही पुरानी है।

कैसे कहूँ मैं तुझसे, प्यार जताना मुझे नहीं आता,

बैठा तो हूँ शाँत झील की तरह, लेकिन दिल का दरिया ये तूफानी है।

अपनी एक झलक दिखाकर, सारी कायनात को बेचैन कर दे

आग पानी में जो लगा दे, ऐसी उसकी जवानी है।

रोज ही निकल जाता हूँ, रोजी की तलाश में,

प्यार करने का वक्त नहीं, वरना ये मौसम बहुत रूमानी है।

जब भी मिलता हूँ मैं उससे, उसका हो जाता हूँ,

हार जाता हूँ मैं खुद से, उसकी शख्सियत कुछ रूहानी है।

उसने जो मुझसे कहा, मैं कैसे यकीन कर लूँ,

जाने क्यों ऐसे लगता है, जैसे ये मेरी ही कहानी है।

डरा, सहमा सा हिम्मत करके, हाथ उसका मैं माँगने चला था,
अपना मुझको वो मान बैठी है, वो तो मेरी ही दीवानी है।

कभी–कभी मुझको लगता है, मैं भीड़ से ज्यादा कुछ भी नहीं,
उस मालिक के रहमो करम से, मैंने अपनी हस्ती पहचानी है।

उसने मुझको क्या दे दिया, ये उसे भी पता नहीं,
मेरे भीतर पल रही है, उसकी कोई निशानी है।

अपने मुँह से क्या कहूँ, उसने मेरे लिए जो कर दिया,
माना की मुमकिन नहीं है, फिर भी कुछ कीमत चुकानी है।

वो भगवान हो रहा है

अब तो छोड़ो दादागिरी, उसपे भी जोश परवान चढ़ रहा है,

तुम दिन ब दिन बूढ़े, और वो जवान हो रहा है।

खुद को काबू में रखो, अपनी उम्र का लिहाज करो,

सहम-सहम कर चलने वाला, अब खुद तूफान हो रहा है।

शक्ति का प्रदर्शन खूब किया, थोड़ा धीरज से काम ले लो,

तुम्हारी ये हरकत देखकर, वो भी पशेमान हो रहा है।

जिम्मेदारी तुमने निभाई, हाथ पकड़कर चलना सिखाया,

जिसको सहारा तुम देते थे, अब वो मचान हो रहा है।

तुम्हारी वजह से उसकी पहचान थी, ये बात सच में दीगर है,

सारी दुनिया है अब उसके पीछे, वो सारा जहान हो रहा है।

उसने वो सब कुछ कर दिखाया, खुद अपना मुकाम बनाया,

सबकी नजर में इस वजह से, वो महान हो रहा है।

चैन, अमन, मानवता की, उसने फसलें खूब लगाई,

इंसानी मूल्यों का वो सौदागर, अब खुद किसान हो रहा है।

दुनियादारी के झमेलों से, वो भी परेशान था बहुत,

भूत, भविष्य की बात करने वाला, खुद वर्त्तमान हो रहा है।

जमाने की देखा-देखी, रूप के पीछे था वो भी दीवाना,

परखना उसको अब आ गया, वो स्वयं गुणवान हो रहा है।

इंसान बनने की भागम भाग में, अपनी रूह से तार्रुफ हुआ,

लोग कहते फिर रहे हैं, वो भगवान हो रहा है।

और मेरा उद्धार हो गया

कोशिश करते-करते, जब मैं थक कर हार गया,

तब कहीं मालिक ने मेरी सुनी, और मेरा उद्धार हो गया।

मैं तो टूटकर बिखरने लगा था, एक उम्मीद का कतरा मुझमें बाकी था,

जब हो गया ये कायापलट, तो फितूर मुझमें सवार हो गया।

मुझको भी खबर नहीं, उस ख्वाब को सच होना था,

दम मेरा निकलने से पहले, मुझपे ये उपकार हो गया।

बस एक ही मुझमें धुन थी, कि मुझको चलते रहना है,

जाने कब वो सपना, खुद से साकार हो गया।

रुकता भी तो कैसे, मुझको रुकना ना आया,

वो कीमती नगीना मेरे गले का, हार हो गया।

कुछ पलों का यहाँ संग है, कौन हमेशा रहने को आया है,

बहुत समेट-समेटकर रखा था, सब बेकार हो गया।

वो जब भी मुझे बुलाता, मैं दौड़ा चला जाता,

आज मैंने उसे पुकारा, तो उसे बुखार हो गया।

तुझसे मेरी मोहब्बत का, काश किसी को पता न चले,

जिससे छुपाकर रखा था, वो खुद अखबार हो गया।

एक कली ने सारी फिजा में, जाने क्या रंग घोल दिया,

कैसे मौसम झूम के, इतना खुशगवार हो गया।

वो कुछ भी मुझसे कहता, मैं चुपचाप सुन लेता,

मेरा पहली बार मुँह खोलना, उसे नागवार गुजर गया।

अभी मैं और जीना चाहता हूँ

पहाड़ों की बर्फीली वादियों में, मैं फिर से खोना चाहता हूँ,

अभी मन भरा नहीं है, मैं और जीना चाहता हूँ।

इन ऊँचे-ऊँचे दरख्तों की, गोद में सोना चाहता हूँ,

जोशीले परिन्दों का मधुर संगीत, मैं महसूस करना चाहता हूँ।

रोजी-रोटी के संघर्ष से निकलकर, इन फिजाओं में उड़ना चाहता हूँ,

ये वक्त जाने कब ढल गया, और यहाँ मैं और जीना चाहता हूँ।

देश की राहों में शहीद उन चरणों की, धूल माथे पे लगाना चाहता हूँ,

जज्बा देश भक्ति का जो घोल दिया, उन हवाओं को मैं छूना चाहता हूँ।

चुभते हैं काँटे तो भी क्या, मैं उन बेरों को चुनना चाहता हूँ,

अब उम्र के इस पड़ाव पे, मैं फिर से बचपन जीना चाहता हूँ।

इतनी चालाकी आ गई, अब वो मासूमियत कहाँ,

हिसाब-किताब, इस दुनियादारी से, मैं पीछा छुड़ाना चाहता हूँ।

इतनी बेहोशी में जी गया, अब जाकर कहीं होश आया,

रगों में भरपूर जोश भरकर, मैं और जीना चाहता हूँ।

अफसोस करके भी होगा क्या, जो वक्त गुजर गया सो गुजर गया,

फिर से इस हौसले को, मैं सलाम करना चाहता हूँ,

मैं और जीना चाहता हूँ...

ये जिन्दगी जिसने दी है, उसके हवाले करना चाहता हूँ,

बहुत कुछ छूट रहा है, मैं दोनों हाथों से समेटना चाहता हूँ,

अभी मैं और जीना चाहता हूँ...

तमन्नाओं का कोई अंत नहीं, मैं भलीभाँति जानता हूँ,

एक ख्वाहिश और मैं कर लूँ, फिर शान्त बैठना चाहता हूँ,

अभी मैं और जीना चाहता हूँ।

सबकुछ तो नहीं सुलझेगा, कुछ तो उलझा ही रहेगा,

फिर जाने किसकी तलाश में, और एक दांव खेलना चाहता हूँ

अभी मैं और जीना चाहता हूँ...

हमेशा भागता ही रहा, पेड़ की छाँव में बैठा ही नहीं,

अब मरने का वक्त आया है, और मैं जीना चाहता हूँ

अभी मैं और जीना चाहता हूँ...

चाँद तारों के संग-संग सोना, मैं सूरज से पहले उठना चाहता हूँ,

ये साँसे अब थमने लगी है, लेकिन मैं थोड़ा और जीना चाहता हूँ

अभी मैं और जीना चाहता हूँ...

चाँदनी रात में सागर किनारे, रेत पे लेटना चाहता हूँ,

खुले आसमाँ तले बँद अंधेरे में, मैं उजाला चाहता हूँ

अभी मैं और जीना चाहता हूँ...

बड़ा बेखबर, बड़ा बेसबर रहा, सब उसके हाथों में सौंपना चाहता हूँ,

थक चुका हूँ आसमानी उड़ानों से, अब जमीन पे उतरना चाहता हूँ

अभी मैं और जीना चाहता हूँ...

कौन रिहा होना चाहता है

पुछा मैंने अपने दिल से, जाने ये क्या चाहता है,

अब तेरी कैद से, कौन रिहा होना चाहता है।

दिल लगाने की बहुत हसरत थी, खुद को कर दिया तेरे हवाले,

खुशी खुशी, आजादी से, अब तेरा गुलाम बनना चाहता है।

मुझको ये खबर ही नहीं, तुझसे हासिल क्या हो गया,

बड़ा खुबसूरत ये मुकाम-ए-दिल, मोहब्बत में लाचार होना चाहता है।

उम्र सारी गुजार दी, मैं तो भटकता ही रहा,

अब तेरा हाथ मिल गया है, कौन ये साथ छोड़ना चाहता है।

जमाने भर के दस्तूर के आगे, गुम होकर रह गया,

आसमाँ में काली बदलियों के बीच, फिर से सूरज निकलना चाहता है।

अब तो रोज ही, कोई खैरियत मेरी पुछता है,

मर-मर के बहुत देख लिया, अब ये दिल जीना चाहता है।

किसी के दम से मैं महफूज हूँ, कोई दुआएँ मेरे लिए करता है,

माना कि मुमकिन नहीं, फिर भी, ये हक अदा करना चाहता है।

शब्दार्थ

महफूज – सुरक्षित, हिफाजत, रक्षित

बहुत दुश्वारी हो रही है

आया है अजीब वक्त, दुश्मनों से यारी हो रही है,

अब तो समन्दर को दहलाने की, तैयारी हो रही है।

ये दौर-ए-जमाना कुछ ऐसा है, कि सबकी जान है आफत में,

हाथी पे सवार मदमाते फिरते थे, अब गधे की सवारी हो रही है।

अजनबी इस परदेश में, कौन पुछता है यहाँ किसको,

इस तरह से तो जीने में, बहुत दुश्वारी हो रही है।

सबकुछ मुमकिन था, हिम्मत, हौसला ही इतना था,

अब वो बात कहाँ, इतनी लाचारी हो रही है।

निश्छल यूँ ही मिलते थे, हमेशा दिल की सुनते थे,

अब दिमाग की गुलामी है, कुछ ज्यादा समझदारी हो रही है।

जिन शाखों पे सुस्ताया करते थे, जड़े उसकी काटने चले,

ये कैसी खुदखुशी, ये कैसी होशियारी हो रही है।

मन फिर से शांत कर दो

छोड़ो भी, जाने दो, रहने दो, मन मेरा शांत कर दो,

हमेशा क्यों मैं बेचैन सा रहूँ, हर परेशानी का अंत कर दो।

मुझको मालूम है बहुत सी बातों का, वैसे तो कोई मतलब नहीं,

फिर भी खामखां तंग करती हैं, काम इनका तमाम कर दो।

लोगों के हुजूम में मेरी हैसियत, एक भीड़ से ज्यादा कुछ भी नहीं,

धड़कनों की उथल पुथल को, फिर से तुम एकांत कर दो।

हमेशा ही बच के निकला हूँ, जान फिर से है आज आफत में,

मैं फिर से जी जाऊँगा, बस इस लम्हे को उपरांत कर दो।

ये वक्त रोज ही गुजर जाता है, मुझे कुछ भी तो हासिल नहीं,

बहुत सी ख्वाहिशें पाल के बैठा हूँ, मन फिर से शांत कर दो।

बाकी देखा जाएगा

मुझे तुझसे चाहिए कुछ भी नहीं, सब मिल ही जाएगा,

बस आपका साथ यूँ बना रहे, सब हासिल हो जाएगा।

जहाँ में जो कुछ भी मिल सके, ये तो चाहत है जमाने भर की,

यहाँ मैंने जो भी दिया, वो खुद-ब-खुद चलकर आएगा।

अपने दिल से जो मैंने माँगा है, देख तेरा दिल भी तो वही बोलेगा,

जहाँ जाना है चले जाओ, तू घूमकर वापस यहीं आएगा।

जो कुछ भी है मालिक ने बख्शा है, यहाँ मेरा तो कुछ भी नहीं,

हाथ फैलाने की जरूरत क्या है, वो इशारा तो समझ जाएगा।

कभी-कभी मैं सोचता हूँ, कि मेरे पास क्या कुछ नहीं,

जो है वही बहुत ज्यादा है, बाकी देखा जाएगा।

इस खामखाँ की हाय-हाय का, दूर-दूर तक कोई अंत नहीं,

पहले जो है उसे तो जी लो, ये भी छूट ही जाएगा।

झूठ मूठ के बहे बहुत आँसू, दर्द देखा ही कहाँ हमने,

वो दिन मालिक ने जो दिखा दिया, तब जाने तू किधर जाएगा।

जो भी है प्रभु की नेमत है, ऐसा भी कुछ खोया तो नहीं है

जिन झमेलों से तूम परेशाँ हो, वो हवा का झोंका गुजर जाएगा।

ये जो घूमता फिरता है नजरों के सामने, ये सब महज़ एक धोखा है

क्या खोना, क्या पाना ? एक दिन सब फिसल जाएगा।

मैं रोने कहाँ जाऊँगा

तेरे संग-संग ज्यादा रहा, तो मैं तुझ जैसा बन जाऊँगा,

तुझे आदत है फकैती करने की, वक्त कैसे मैं घुलाऊँगा।

तुम कुछ करो या न करो, वक्त फिर भी ये गुजर जाएगा,

तुम्हें शिकस्त बर्दाश्त है, भला मैं कैसे ये सह पाऊँगा।

उसकी मर्जी है वो मुझसे, आ जाता है यूँ ही मिलने,

मैं इसी कश्मकश में हूँ, कि बेवजह क्यूँ जाऊँगा।

उसकी फितरत ही कुछ ऐसी है, कि जिन्दगी के झमेलों में पड़ता नहीं,

मैं हमेशा रहता हूँ फिक्रमन्द, किसको, दास्तां ये सुनाऊँगा।

उसका मन आँसू बहाकर, दिल अपना हल्का कर ले,

मुझे रंज है सरेआम, मैं रोने कहाँ जाऊँगा।

उसे आजादी है सबके सामने, जो मर्जी मुझसे कहे,

मुझे परवाह ही उसकी इतनी है, सबकुछ कैसे मैं कह पाऊँगा।

ये लापरवाही, गुश्ताखी, बेतरतीब, सब के सब हैं उसके गहने,

मैं हूँ तकल्लुफ का मारा, कैसे इस सलीके से बाज आऊँगा।

यहाँ हर लम्हे में जान की बाजी है, इतनी बेफिक्री, फिर भी कहाँ,

वो हमेशा जीता है इसी फन में, मैं कहता हूँ कि मर जाऊँगा।

मुझको समझ नहीं आता, ये उसके तेवर हैं या तय्यारी,

मैं तो सहमा-सहमा अब भी रहता हूँ, भला, कैसे मैं सँभल पाऊँगा।

शब्दार्थ

बेतरतीब – अव्यवस्थित, अस्त व्यस्त

गुश्ताखी – अशिष्टता, बदतमीजी

तकल्लुफ – शिष्टाचार, औपचारिक, संकोच

अब धीरे-धीरे मैं उतर रहा हूँ

यहाँ जिंदादिली की बात हुई थी, और मैं क्या कर रहा हूँ ?

उसे मरने में कोई खौफ नहीं, यहाँ मैं जीने में भी डर रहा हूँ

बेफिक्र वो जीता है, उसकी जांबाजी के हैं चर्चे,

मैं उस सदमे से निकला ही नहीं, पुराने जख्मों को भर रहा हूँ।

जाने किस मिट्टी का वो बना है, उसे परवाह नहीं जमाने की,

यहाँ जिन्दगी की शाम हो चली है, और मैं अब भी संवर रहा हूँ।

उसकी मर्जी वो, मुझसे आए, न आए मिलने,

मैं अब भी उसी शिद्दत से, उसका इंतजार कर रहा हूँ।

तेरी तू ही जाने, क्या तेरा है मुझसे राब्ता,

मैं तेरे लिए ही जिन्दा हूँ, तुझपे अब भी मर रहा हूँ।

जोश-जोश में तुझसे मिलने, मैं आसमां पे चढ़ गया,

बादलों पे पाँव रखकर, अब धीरे-धीरे उतर रहा हूँ।

ये आबोहवा, ये मौसम, तेरी मिट्टी में ही कुछ जादू है,

झील की तरह तू शांत है, यहाँ झरने सा मैं झर रहा हूँ।

भरी पूरी सारी दुनिया में, कुछ भी सोचा नहीं तेरे बिना,

तुझसे धड़कती है मेरी साँसे, इतना तुझपे निर्भर रहा हूँ।

मेरा तो मालूम नहीं, तेरे सारे काम बनते हैं,

ये तूने ही मुझसे कहा है, इतना असर मैं कर रहा हूँ।

मेरी इस खता के लिए, खुदा मुझको माफ करे,

अब तेरी हर बला को, मैं इस तरह से हर रहा हूँ।

शब्दार्थ

राब्ता – रिश्ता, संबंध, लगाव

कल फिर, देखा जाएगा

सारी तरकीबें लगा लो, चाहे खुद को दाँव पे लगा लो,

कुछ तो छूट ही जाएगा, हाथ सबकुछ न आएगा।

जाना हो तो चले ही जाओ, कहाँ तक तू जाएगा ?

एक दिन लौटना तो होगा, तू वापस यहीं आएगा।

तुझे पाने की खुशी ज्यादा है, या तुझे खोने का गम ज्यादा है,

कैसा भी हो ये मन का मौसम, एक दिन तो गुजर ही जाएगा।

जितनी मर्जी जश्न मना लो, या आँसूओं में खुद को डुबा लो,

धोखा है महज नजरों का, ये नजारा बदल ही जाएगा।

इतनी मारामारी, ये आपाधापी, ये जान जोखिम में किस लिए,

मरने-मारने पे आमादा हो, तू सबकुछ छोड़कर चला जाएगा।

मशीनों की तरह जीने के आदी हो, तू किसको क्या देकर जाएगा,

तुझे मालूम ही नहीं तू जिन्दा है, फिर एक दिन मर भी जाएगा।

काश, तुझको कभी ये पता भी चले, कि तू कभी जिया ही नहीं,

होश जबतक तुझे आएगा, सब बिखर ही जाएगा।

जो कुछ मिला है मजा ले लो, हर हाल में खुशी ढूँढ़ लो,

ये हाय-हाय किस लिए, एक दिन सब कुछ यहाँ खो जाएगा।

उसकी खुशी की तुझे तलब है, उसका दर्द वो ही जाने,

उसके दामन के काँटे भी देख लो, तब कहीं ये माजरा समझ आएगा।

सबकुछ समेटने में जो पागल हो, ये तो फिसल ही जाएगा,

पहले इस पल को आज जी लो, कल फिर, देखा जाएगा।

शब्दार्थ

आपाधापी – खींचतान, व्यर्थ की भागदौड़

आमादा – तैयार, तत्पर

ये उसकी बन्दगी तो नहीं

ये सब जिन्दगी के पड़ाव हैं, जिन्दगी तो नहीं,

थक हार कर बैठ गए, ये उसकी बन्दगी तो नहीं।

ये तुमने क्या कर डाला, कि तुम्हारी जान पे बन गई,

सब कुछ तो सही सलामत है, ऐसा कुछ खोया भी तो नहीं।

खामखां दुनिया की देखा देखी, तुमने तूफान उठा रखा है,

ये महज झूठ मूठ का डर है, इससे ज्यादा कुछ भी नहीं।

दहशत में तो तुम इतने हो, कि सारी दुनिया मिटने वाली है,

ये तो घड़ियाली आँसू हैं, अभी गम तुमने देखा ही नहीं।

छोटी-छोटी बातों में, जान देने पे आमादा हो,

तुम्हारी जान की कीमत, इतनी सस्ती भी तो नहीं।

हल्की-फुल्की चुनौतियों से, दम तुम्हारा फूलता है,

अभी बहुत दूर तुम्हें चलना है, थक हार के बैठना नहीं।

माथे पे सिकन है तुम्हारे, हाथ-पाँव काँपने लगे हैं,

जिनकी गुलामी खटते रहते हो, असल में उनकी कोई कीमत नहीं।

इतना निर्भर जिनपे रहते हो, वो बस छोड़कर जाने वाले हैं,

खुद से ज्यादा, ऐसे गैरों से, इतनी मोहब्बत ठीक नहीं।

ठोकर खाकर जहाँ गिरे हो, फिर से उठकर चल सकते हो,

बार-बार यूँ गिरने से, ये जिन्दगी थमती तो नहीं।

ऐसा भी क्या हुआ, कि तुम्हें मरना आसान लगा,

ये भी कोई जीना है, ऐसे जीने में फक्र नहीं।

मुझे फिर से सँभल जाने दो

ये वक्त कुछ भारी है, इस लम्हे को गुजर जाने दो

फिर से आऐंगी वही खुशियाँ, इस गम को निकल जाने दो।

छाया है घना कुहरा, ठहरो कुछ नजर आने दो,

इस धुँध को हटने दो, सूरज को खिल जाने दो।

ऐसी भी क्या नाराजगी, ये तल्खियां क्यों है तबस्सुम पे,

आपस में कैसी ये तनातनी, आज खामोशी को बोल जाने दो।

छोड़ो मोहब्बत की बातें, मैं तेरा कोई नहीं,

बस, अलविदा कहने से पहले, गले मुझको लगाने दो।

हाथ मेरा पकड़ने चले थे, सहम-सहम के कदम रखे थे,

अभी तूफान बहुत आऐंगे, पाँव जमीन पे जमाने दो।

याद रखना उन दिनों को, आँसू तुमने बहुत बहाए होंगे,

अब आजाद कर दो उन बंदिशों को, मुस्कुराहट चेहरे पे आने दो।

गुमनामी से न घबराओ, न आसमां सर पे उठाओ,

वक्त तेरा भी जरूर आएगा, अपनी खुशबू को महक जाने दो।

लोगों के इस हुजूम में, तुझ जैसा कोई और नहीं,

हर तरफ तेरा ही जिक्र होगा, नशा सर पे चढ़ जाने दो।

कदम आगे बढ़ते ही नहीं, ये साँसे भी आती नहीं

फिर भी, सबकुछ बदल के रहेगा, आखरी दाँव खेल जाने दो।

मुझे मालूम है मेरा हुनर, मैं मोहब्बत की बाजी लगाने चला हूँ,

फिर से ठोकर लगने दो, मुझे फिर से सँभल जाने दो।

शब्दार्थ

तल्खियां – कड़वाहट, कटुता, दुर्भावना

तबस्सुम – मधुर मुस्कान, मंद हँसी

अभी मैं जिन्दा हूँ

हर हाल में डँटा रहता हूँ, मैं वो परिंदा हूँ,

माना कि थोड़ा जख्मी हूँ, लेकिन अभी मैं जिन्दा हूँ।

सबने जो चाहा मुझपे लिखा है, मैं वो कागज का पुलिंदा हूँ,

जश्न मेरी मौत का मनाने चले हो, लेकिन अभी मैं जिन्दा हूँ।

इंसानियत है मजहब मेरा, मैं फक्र से ताबिंदा हूँ,

मुझे मेरे मालिक ने महफूज रखा है, अभी मैं जिन्दा हूँ।

मेरी कारगुजारी वो सारी जाने, मैं उस खुदा का कारिंदा हूँ,

आखरी दम तक मैदान में डँटा हूँ, अभी मैं जिन्दा हूँ।

फौलाद सा जिगर है मेरा, उस जमीन का बाशिंदा हूँ,

घुला हुआ हूँ सारी फिजा में, अभी मैं जिन्दा हूँ।

जो हौसला उसने बख्सा है, वो हस्ती मैं चुनिंदा हूँ,

बार-बार गिरकर भी बिखरा नहीं हूँ, अभी मैं जिन्दा हूँ।

ये धोखा, फरेब, खून-खराबा, देख-देखकर शर्मिन्दा हूँ,
चाहे सारे दाँव मुझपे आजमा लो, अभी मैं जिन्दा हूँ।

कभी जान पे बन आए तो, मैं वो दरिंदा हूँ,
तेरी सारी नश्लों को तबाह कर दूँ, अभी मैं जिन्दा हूँ।

मुझसे है तेरी पैदाईश, तेरे भीतर मैं जिन्दा हूँ,
भूलकर भी भूल न जाना, अभी मैं जिन्दा हूँ।

शब्दार्थ

ताबिंदा – रौशन, प्रकाशमान, चमकदार

कारिंदा – सेवक, गुमाश्ता

कारगुजारी – कार्यकुशल, कर्मठता

लेकिन मेरी आँखों में नींद है

सुबह उठ तो गया हूँ, लेकिन मेरी आँखों में नींद है,

डगमगा तो रहा हूँ, फिर भी एक उम्मीद है।

मुझमें है कमियाँ बहुत, बावजूद वो मेरा मुरीद है,

वो मुझको उठाने आया है, लेकिन मेरी आँखों में नींद है।

सोई आँखें खुलती ही नहीं, नशीला बदन मदमस्त है,

सपनों में उसका दीद है, लेकिन मेरी आँखों में नींद है।

हमेशा सोचता ही रहता हूँ, मुझसे कुछ ज्यादा होता नहीं,

फिर भी कुछ करने की जिद है, लेकिन मेरी आँखों में नींद है।

खुशहाली है चारो तरफ, तो जहाँ में रोज ही ईद है,

सदियों से जागता रहा हूँ, अब मेरी आँखों में नींद है।

शब्दार्थ

मुरीद – शिष्य, चेला

ये वक्त जरूर बदलेगा

कब से सीने में बंद, ये लावा आज पिघलेगा,

हालात जैसे भी हो चाहे, ये वक्त जरूर बदलेगा।

बस कुछ पल की बात है, जो चाहोगे वही मिलेगा,

तुम जो मैदान में डँटे रहे, तो ये वक्त जरूर बदलेगा।

चलते रहने को अगर तैयार हो, तो सबकुछ हासिल होकर रहेगा,

ये लगन, शिद्दत यूँ ही रही, तो ये वक्त जरूर बदलेगा।

चाहे लाख छुपाया गया है, ये सूरज तो वहीं से निक्लेगा,

जितनी मर्जी जंजीरों में जकड़ों, ये वक्त जरूर बदलेगा।

अभी तेरी जमीन का पता नहीं, फिर भी आसमानों पे तू चढ़ेगा,

तूने हर हद अपनी तोड़ी, तो ये वक्त जरूर बदलेगा।

कहने वाले कहते रहे, कि तू क्या कर सकेगा,

उनकी सुनना जब छोड़ेगा, तो ये वक्त जरूर बदलेगा।

आँधियाँ उड़ा ले जाए फिर भी, ये तूफान तो रग-रग में बहेगा,

तो फिर जो चाहोगे वही मिलेगा, ये वक्त जरूर बदलेगा।

तेरी तमाम तमन्नाओं का, नतीजा जरूर निकलेगा,

हर चुनौती पे खरा उतरा तो, ये वक्त जरूर बदलेगा।

जिन्दगी गुजरी गुमनामी में, फिर भी एक दिन तो जमाना कहेगा,

तेरा डंका एक दिन बजेगा, ये वक्त जरूर बदलेगा।

ये हिम्मत, जज्बे का खेल है, देने वाला भी अब झुकेगा,

वो मालिक भी यही चाहता है, ये वक्त जरूर बदलेगा।

चुप रहने से बात बनती है

उसकी वो ही जाने, वो जाने क्या समझती है,

मैं बस इतना जानता हूँ, चुप रहने से बात बनती है।

तुम जैसी आग मैं उगलूँ, तो खून खराबा लाजमी है,

रिश्तों को संभालने में जान लगती है, चुप रहने से बात बनती है।

घर टूटने से अगर बचता है, तो ये मजबूरी भी अच्छी है,

चिंगारी, ये सीने में बंद रहती है, चुप रहने से बात बनती है।

गुरूर की तुम हो पैदाईश, तो गुमान मुझमें भी कम नहीं,

एक छत्त के नीचे बहुत तपिश रहती है, लेकिन चुप रहने से बात बनती है।

कई बार, मैंने भी सोचा, कि पलटकर तुमको जवाब दे दूँ,

आखिर, ठंडे पानी से प्यास बुझती है, चुप रहने से बात बनती है।

तूने जो भरी महफिल में मुझसे कहा, तो जमाने ने बुज़दिल समझ लिया,

फिर भी, मेरी खामोशी पलट के कहती है, चुप रहने से बात बनती है।

वैसे ये कहने की बात तो नहीं, अच्छे-अच्छों को बिखरते देखा है,

हर सजा, मिलने से पहले यही कहती है, चुप रहने से बात बनती है।

उसे गँवारा न था, मेरा कुछ भी कहना,

उसको सुनाने से खुशी मिलती है, मेरे चुप रहने से बात बनती है।

वो अब भी बदलने में मुझे लगी है, और मैं कब का बदल चुका हूँ,

ये ग्रहस्थी ऐसे ही चलती है, चुप रहने से बात बनती है।

खैर, समझ उसको भी आ जाएगा, सबकी अपनी गति होती है,

मौन, लबों की भी जुबां होती है, चुप रहने से बात बनती है।

मेरे घर आओगे क्या

यूँ ही भटकते रहते हो, इस तरह पाओगे क्या,

मैं कब से बुला रहा हूँ, मेरे घर आओगे क्या।

तेरे दर पे तो चला आया हूँ, तुम कुछ और मत समझ लेना,

इस बार गर्मी बहुत ज्यादा है, थोड़ा पानी पिलाओगे क्या।

अजनबी वो मुसाफिर पूछ-पूछकर, अनजान राहों पे चल पड़ा है,

ये तेरा सफर है कुछ जाना-पहचाना, जरा रास्ता दिखाओगे क्या,

तेरे भीतर जो भी दफन है, तू किसी से कहता नहीं,

दास्ताने अपने जीवन की, मुझको सुनाओगे क्या।

कहने की जरूरत क्या है, मेरा सब कुछ है तेरे लिए,

मैं तुम पे पहले से फना हूँ, अभी और भी आजमाओगे क्या।

तुम ऐसे छोड़कर गये, फिर कभी वापस लौटे ही नही,

रो रोकर आँसू सूख चुके, अब फिर से रूलाओगे क्या।

वैसे तो मैं मर गया हूँ, बस जिन्दा हूँ तेरे लिए,

जहाँ तुम चले गए, वहाँ कभी मुझको बुलाओगे क्या।

तेरी ढाल बनकर हमेशा चला, जहाँ भी तुम गये,

आज जान मेरी है आफत में, तुम मुझको बचाओगे क्या।

तेरे नखरे उठाते-उठाते, अब मैं थक चुका हूँ,

जी तेरा भरा नहीं है, अभी और भी सताओगे क्या।

बातों-बातों में सबने मुझपे, अपना मशवरा थोप डाला,

सब मुझको समझ आ चुका है, फिर भी समझाओगे क्या।

सब कुछ कहा भी तो नहीं जाता

पैसा इतनी मुश्किल से कमाया जाता है, कि फिर खर्चा नहीं जाता,

अब जान चाहे निकल जाए, लेकिन ये जेब से निकाला नहीं जाता।

सबकुछ है मेरे रू बरू, फिर भी दम तोड़ती आरज़ू,

बहुत परेशानी हो रही है, अब ये रिश्ता निभाया नहीं जाता।

वो मेरे संग चल तो पड़ा है, मेरे दिल का घाव बहुत बड़ा है,

समझता है वो भी सबकुछ, ये हाथ है कि छुड़ाया नहीं जाता।

जिससे भी जुड़ गए हैं, बस संग-संग यूँ ही चले चलते हैं,

ये खलिस कहें भी तो कहें किससे, सब कुछ कहा भी तो नहीं जाता

जीने की आदत ऐसी लगी है, कि अब मरने की हिम्मत नहीं,

देखा देखी में चले चलते हैं, वैसे अब चला नहीं जाता।

जवाब मिलते नहीं यहाँ पे, सवालों का जख़ीरा भरा पड़ा है,

यहाँ सब हैं इसी पशो पेश में, किसी से पूछा भी नहीं जाता।

देखने में हूबहू, वो लगता है मेरी ही तरह,

कई जन्मों का कोई कर्ज होगा, उतारे उतारा नहीं जाता।

ये कैसा शतरंज का खेल, जो मालिक ने रच डाला,

सदियों से यही सिलसिला है, अब और खेला नहीं जाता।

जिन्दगी के इस सफर में, जो छूटा तो छूट ही गया,

इतना आगे निकल चुका हूँ, कि पीछे पलटा नहीं जाता।

मैं जो कहूँगी मान लेना

मैं तुमसे नाराज रहूँगी, तुम मुझसे नाराज मत रहना,

देखो मैं हमेशा रूठती रहूँगी, तुम हमेशा मना लेना।

मुझसे कहा नहीं जाता, शर्मो हया का लगा है परदा,

मैं नखरे यूँ ही दिखाती रहूँगी, तुम अपने मन की कर लेना।

मैं जो चाहे कटाक्ष करूँ, तुम दिल से मत ले लेना,

मेरी नादानी है माफ कर देना, मुझपे यूँ ही तुम मिटते रहना।

बोलना मेरी फितरत है, और सुनना तुम्हारी मजबूरी,

देखो मैं यूँ ही सुलगाती रहूँगी, इस आग में जलते रहना।

जो भी मेरा दिल करे, मुझे शौक से खरीदने देना,

देखो मैं जो भी माँगू, हमेशा यूँ ही देते रहना।

मैं कुछ भी कहूँगी नहीं, लेकिन तुम समझ लेना,

मैं इठलाती, बलखाती यूँ ही रहूँगी, तुम बाँहों में मुझे भर लेना।

देखो गलती भी मैं करूँगी, और मुँह भी फुलाऊँगी,

गलती अपनी इसे समझकर, तुम खुद को क्षमा कर लेना।

याद करो तुमने कहा था, तुम मेरा हर कहा सुनोगे,

देखो बहस न करना, मैं जो कहूँगी मान लेना।

कोई बचा ही नहीं अब लड़ने को

भरे पूरे सारे घर में, एक मजमा सा था खेलने को,

आज ये कैसा दौर आया है, कोई बचा ही नहीं अब लड़ने को।

सारे के सारे निकल गये, बस दीवारें हैं कहने को,

हमेशा मुझको घेर लेते हैं, ये जाले लगे हैं रहने को।

पूरी की पूरी फौज थी, सब संग हो लेते थे घूमने को,

सबको पुकार के देखा, साथ साया भी नहीं चलने को।

आपस की नोक झोंक के बीच, कहीं कुछ तो मिले खलने को,

अब माचिस भी सीली पड़ी है, उसमें आग नहीं जलने को।

कौन सुनाए वो कहानियाँ, मजा आता था डरने को,

जिंदगी गुमनामी में बंद पड़ी है, जिंदा लाश खड़ी है मरने को।

हर काम खुद से होता था, इतने लोग थे करने को,

अब जैसे रास्ता भूल गया है, हर घाव अपना भरने को।

शर्मिन्दा वो खुद से होता था, अपनी बात से मुकरने को,

चले गए वो जमाने, बस ये दास्ताने बची हैं सुनने को।

अपना होकर रह जाता था, घर आता था जो ठहरने को,

सब अपने हुए पराए, बस चंद यादें बची हैं कहने को।

सबका बिस्तर छत पे लगता था, सिढ़ियाँ लगती थी चांद पे चढ़ने को,

कहीं कोई गिर न जाए, हाथ होते थे हाथ पकड़ने को।

इतना तराशे जाते थे कि, किस्मत तैयार थी संवरने को,

अब जर्जर पड़ा है ये मकान, बस चंद साँसे बची है बिखरने को।

मुझे मेरे गाँव ले चलो

जी भर गया अब शहर से, मुझे मेरे गाँव ले चलो,

मन भारी है कल दोपहर से, मुझे मेरे गाँव ले चलो।

चकाचौंध है खूब यहाँ पे, हर तरफ रौनक है फिर भी,

आबोहवा में ये कैसा ज़हर है, मुझे मेरे गाँव ले चलो।

चारों तरफ है लम्बी कतारें, आसमां से ऊँची मीनारें,

कहाँ पनघट की वो डगर है, मुझे मेरे गाँव ले चलो।

लगातार गाड़ियों का शोर है, हरदम थकी-थकी ये भोर है,

रोज खुद से परेशाँ हर पहर है, मुझे मेरे गाँव ले चलो।

चले आते हैं रोजी रोटी की खातिर, फांस लेती है ये रंगीनिया है शातिर,

जकड़ लेता है ये कैसा नगर है, मुझे मेरे गाँव ले चलो।

दरख्त दिखते नहीं यहाँ पे, नहीं पक्षियों का कोई घर है,

किसने खोदी शहर की कब्र है, मुझे मेरे गाँव ले चलो।

भवन, बिल्डिंग और पक्की दीवारें हैं, कहाँ गया वो कच्चा पोखर है,

अब बहुत मुश्किल गुजर बसर है, मुझे मेरे गाँव ले चलो।

पढ़ने को बेतहाशा किताबें, ज्ञान फिर भी यहाँ बेअसर है,

ये कैसा टूटा यहाँ कहर है, मुझे मेरे गाँव ले चलो।

जीने को जी रहा है, कितना खुद से बेखबर है,

कभी खत्म होता नहीं ये सफर है, मुझे मेरे गाँव ले चलो।

सूरज खिलता नहीं अब वैसे, चाँद भी गुमसुम दरबदर है,

धुँधली, पथराई सी हर नजर है, मुझे मेरे गाँव ले चलो।

मैदान में फिर भी डँटे हैं

अब चाहे जो हो जाए, मैदान में फिर भी डँटे हैं,

बाहर से मैं क्या दिखाऊँ, भीतर के कपड़े मेरे फटे हैं।

कहाँ तो सारी इंसानी जमात को, वो खुदा के नाम पे जोड़ने चला था,

यहाँ तो हर दीन-धर्म, खुद के भीतर ही बँटे हैं।

उसको शक है अपने आप पे, गैरों की क्या बात करें,

अपनों की टोका-टोकी से, बार-बार वो सफर से हटे हैं।

धोखा है महज नजरों का, कौन रहता है सदा यहाँ,

कभी एक दूजे से जुदा न होंगे, वो आपस में ऐसे सटे है।

कब तक मिलने से बचोगे, सामना होगा किसी मोड़ पे,

कहाँ भागने की है तैयारी, क्यों आपस में कटे-कटे हैं।

जबकि मैंने ये कह दिया है, वो तेरे लिए नहीं,

खामखां फिर भी उसे ज़िद है, बात एक ही वो कबसे रटे है।

क्या फर्क पड़ता है, अब वो एहसास ही नहीं,

अब गिनना छोड़ दिया है, कितनी बार गिरकर टूटे हैं।

वो पीठ अपनी थप थपा रहा है, मुझको झाँसा देकर,

मैं मन ही मन हँस रहा हूँ, अपनी मर्जी से हम लूटे हैं।

सबने यही कहा है, ये तेरे वश की नहीं,

इतना यकीन है खुद पे उनको, वो है कि फिर भी जुटे हैं।

कबसे उनका मैं हो चुका हूँ, वो मेरे रहे न रहे,

हर बार तनहा रह गया हूँ, इतने हाथ मुझसे छूटे हैं।

मुझे उसका ही फ़ख्र है

ये कैसी मालिक की रज़ा है, कहाँ सबको सब मयस्सर है,

अपना कहने को तो सारा शहर है, लेकिन सर छुपाने को कहाँ घर है।

चले आते हैं सभी यहाँ, सबकी मुख्तालिफ अपनी डगर है,

झोंक देना पड़ता है खुद को, यहाँ बहुत मुश्किल गुजर बसर है।

अच्छा है, भला है, ज्यादा कुछ समझ में आता नहीं,

उसके लिए है यही मुनासिब, वो इन सब से बेखबर है।

कोई तो है ऐसा, जिसे सबकुछ नहीं चाहिए,

जो भी उसे मिला है, उसमें उसे सबर है।

वो इंसान तो बहुत भला है, मगर जीता है गुमनामी में,

उसकी अच्छाई का यही इनाम है, नेकदिली का यही हम्र है।

मेरे बुलाने की देर है, वो आ जाता है हर हाल में,

मजबूरी तो कोई नहीं, फिर किसका उसपे असर है।

उस बच्चे को भला क्या मालूम, आखिर मेरी औकात है क्या,

कितना वो भोला भाला है, कितनी मासूम उसकी नजर है।

तमन्नाएँ जो चाहे कर लो, बेशक बाँहों में उसे भर लो,

यहाँ हर जमीं उपजाऊ नहीं, कहीं कुछ तो बंजर है।

चाहे जैसे भी यहाँ जी लो, चला चली को एक ही सफर है,

कहीं बन जाती है समाधी, कहीं कोई कहता इसे कब्र है।

धन दौलत नहीं कमाई, न तमगे हैं दिखाने को,

बस जो दुआएँ मैंने बटोरी है, मुझे उसका ही फख्र है।

यही मेरा फितूर है

मुझसे ये मत कहो कि, वो कितना मजबूर है,
ढूँढ़ो अगर दिल से, तो यहाँ रौशनी भरपूर है।

उसकी वो ही जाने, बंद कर लिए सारे दरवाजे,
कोई चलना ही छोड़ दे, तो फिर किसका कसूर है।

यहाँ मेरा तो कुछ भी नहीं, मुझमें हर बीज उसने बोया है,
थोड़ी किरण तो मुझे दिखाओ, फिर हर चुनौती मंजूर है।

मुझे मालूम है मेरा हुनर, कोई देखे, या न देखे,
यही है मेरी इबादत, यही मेरा फितूर है।

डूबा रहता हूँ उसमें, देने वाला मुझे जब दे दे,
हरदम रहती है यही खुमारी, यही रग-रग में सुरूर है।

बाहर मैं क्या-क्या तलाशूँ, जब भीतर मेरे मोती हैं,
हमेशा जो जलती रहती है, वो रौशनी-ए-कोहेनूर है।

मदमस्त खुद में रहता हूँ, अब जो कुछ भी जमाना समझे,

कहने वाला कह ही देता है, वो कितना मगरूर है।

जिसकी जैसी समझ है, यहाँ उसने वो वो बटोरा,

उससे जो मुझे आता है, वही मेरा गुरूर है।

मैं जो हूँ आज सलामत, सब है उसकी अमानत,

उसकी शरण में सदा रहता हूँ, वही मेरा हुजूर है।

राजा हो या रंक हो, सब उसकी सेवा में शामिल,

अब जो चाहे तुम समझ लो, यहाँ हर कोई मजदूर है।

शब्दार्थ

फितूर – जूनून, उपद्रव, फसाद

सुरूर – नशा, मस्ती, आनंद

मगरूर – अभिमानी, घमंडी

गुरूर – गर्व, गुमान, अहंकार

वो खुदकुशी करना चाहता है

अब मैं और क्या कहूँ, उसने खुद को कर दिया मेरे हवाले,

तमन्ना यही है उसकी, कि वो मेरे हाथों मरना चाहता है।

उसके पास कुछ है ही नहीं, फिरता है वो यहीं कहीं

खुद को मुझे सौंपकर, वो तो मेरा बनना चाहता है।

जो चाहे मैं उससे कहूँ, वो पलटकर कुछ कहता नहीं,

हर दम इतनी ही खामोशी से, वो मुझसे बात करना चाहता है।

इतना ही उसे चाहिए, कि मुझसे कुछ भी नहीं चाहिए,

वो तो मेरे संग-संग, बस कुछ वक्त गुजारना चाहता है।

धन, दौलत, इज्जत, शोहरत से, उसे कोई वास्ता नहीं,

वो तो बड़ी सादगी से, मुझमें रंगना चाहता है।

इस दौर में ये कैसे मुमकिन है, कि उसमें कोई होशियारी नहीं,

बेहद मासूमियत से मेरे सामने, वो खुदकुशी करना चाहता है।

होड़ जिन्दगी में कम न हुई, न इस हवस का कोई अंत है,

वो आया है कौन सी दुनिया से, फकीरी में जीना चाहता है।

ये तामझाम, ये लाव लश्कर, ये दुनियादारी की कैसी मजबूरी,

दोनों हाथ हमेशा जोड़कर, वो मुझमें समाना चाहता है।

यहाँ लोग जीते हैं खाने के लिए, वो बस जीने को खाता है,

रहम कितना है उसके दिल में, वो सबकुछ फिर भी बाँटना चाहता है।

वो चाहे जहाँ भी रहे, मुझे ढूँढ़े गली-गली में,

मसरूफियत के इस दौर में, कौन बेवजह मिलने आता है।

मेरा महबूब है इतना सादा

मैं कहूँगा तो क्या मान लोगे, मेरा महबूब है इतना सादा,

पैसे खर्चने का उसे नशा है, मेरी बचाने की मजबूरी है ज्यादा।

फिर भी चल रहा है, ये रिश्ता आज भी कायम है,

उसने तोड़ने में कसर न छोड़ी, मुझे जोड़ने में महारत है ज्यादा।

इसका भी अपना मजा है, कभी बनती नहीं हमारी,

मुझे ज़मीन पसंद है, उसे उड़ने का शौक है ज्यादा।

निभाना है, निभाते हैं, हर हाल में सब सहते हैं,

ये दूरियाँ हैं अपनी जगह, बस आपस में प्यार है थोड़ा ज्यादा।

जाने किससे वादा है, जान लेने पे वो आमादा है,

मरने भी मुझे नहीं देती, लिहाजा जीने में किचकिच है ज्यादा।

सर पे उठाए वो हमेशा आकाश, मुझे शाँति की है तलाश,

खामोशी है मेरा गहना, उसमें लड़ने की ललक है ज्यादा।

मुझे कुछ भी दे दो, मेरा गुज़ारा कैसे भी चलता है,

दाल-रोटी से भी मैं खुश हूँ, उसकी पीजा, बर्गर की फरमाईश है ज्यादा।

उसमें वैसे तो बहुत हैं गुण, मेरी है कुछ मुख़्तलिफ धुन,

तन ढ़कना है मेरी संस्कृति, उसे दिखाने का मर्ज़ है ज्यादा।

जब जो भी मिल गया, पहन कर चल पड़े,

मुझे कुछ भी चलता है, उसे फैशन का क्रेज है ज्यादा।

घर-बाहर कहीं भी, वो भिड़ जाए किसी से,

परेशाँ तो सब हैं यहाँ, लेकिन उसकी तकलीफ है ज्यादा।

उसे जो करना है वो करे, काहे को धीरज घरे,

ये सब जुमले है हमारे लिए, उसकी मनमानी है हमेशा ज्यादा।

कहीं दिखावा जरूरत से ज्यादा है

मोहब्बत में वो शिद्दत कहाँ, बस महज एक वादा है,

कहीं तो अल्फाज भी कम पड़ते हैं, कहीं दिखावा जरूरत से ज्यादा है।

यहाँ का यही है तौर तरीका, ये तमाशा भी सबको पसंद है,

नजर आता नहीं रंग उसका, इतना वो सीधा सादा है।

जब भी वो जहाँ भी मिले, उनके कदमों में झुक गया,

बुजुर्गों से आशीष लेने का, यही तो एक कायदा है।

धोखा है तुम्हारी नजरों का, उसे जाने क्या समझ बैठे हो,

बाहर से देखने में फौलाद लगता है, भीतर से सिर्फ बुरादा है।

मजबूरी ही थी कुछ ऐसी, कि उसको मैंने पुकारा,

उसकी वो ही जाने, क्या उसका इरादा है।

जुर्म करने वाला, करके निकल गया,

तूने जिसको पकड़ रखा है, वो तो बस एक प्यादा है।

वो बिल्कुल भी वैसा नहीं, जैसा वो जताता है,

जो दुनिया को दिखा रहा है, उसका वो लबादा है।

अब सबको पता चल चुका है, उसके पास कुछ भी नहीं,

बात तो ऐसी करता है, जैसे वो कोई शहजादा है।

एक वक्त ऐसा भी था, वो जान देने को तैयार था,

जाने उसपे क्या सितम हुआ, मरने, मारने पे आमादा है।

सीखने की उसकी ललक ने, सारा नजरिया बदल डाला,

बच्चे की तरह तराशा गया, अब सबका वो दादा है।

शब्दार्थ

बुरादा – चूरा, चूर्ण

प्यादा – मोहरा, दूत

लबादा – चोगा, कोट

वो कभी मेरा न हो सका

मैंने लाख जतन कर देखे, फिर भी वो नाराज ही रहा,

शायद जन्मों की दुश्मनी होगी, वो कभी मेरा न हो सका।

मेरे रू बरू बैठा ही नहीं, हमेशा मुझसे भागता रहा,

मेरी हर कोशिश नाकाम रही, वो कभी मेरा न हो सका।

मेरी जुर्रत एक तरफ, उसकी मजबूरी एक तरफ,

ये फासला हमेशा ही रहा, वो कभी मेरा न हो सक।

ऐसा कैसे मुमकिन है, मैं हर बार हारता रहा,

ये सिलसिल यूँ ही कायम रहा, वो कभी मेरा न हो सका।

मैं कितनी बार गम मनाता, रोते-रोते भी हँसता रहा,

अब वो एहसास ही न रहा, वो कभी मेरा न हो सका।

सब छोड़ दिया वक्त के हवाले, तब कहीं जाकर सुकून मिला,

हम दोनों के हक में ये अच्छा है, वो कभी मेरा न हो सका।

कहीं तो फूल खिले, कहीं गुलिस्ताँ बन गया,

घर किसी का तो बस गया, वो कभी मेरा न हो सका।

मेरा है सीमित दायरा, उस असीम के हवाले सब छोड़ दिया,

ये अच्छा न्याय मुझे मिला, वो कभी मेरा न हो सका।

सुध बुध अपनी गँवाकर, किस दरिया में बह चला,

जाने किस भँवर में फँस गया, वो कभी मेरा न हो सका।

जिन्दगी के ऐसे फैसलों का, मैं आजतक मतलब नहीं समझा,

मेरे हाथों कुछ और लिखा, वो कभी मेरा न हो सका।

उसमें जिंदगी तो नहीं

जो चीजें हमें परेशां करती है, वो परेशानी की वजह तो नहीं,

जिसे अपनी जान समझ बैठे हैं, उसमें जिन्दगी तो नहीं।

जिन झमेलों में हम उलझकर, खुद को तबाह कर बैठे हैं,

असल में जान देने की, वो वाजिब वजह तो नहीं।

दुनिया की देखा देखी, बहुत भरम पाल रखे हैं,

उस दरिया में डूब मरने की, वो गहराई भी तो नहीं।

ये कोई बड़ी बात नहीं, जो ये मुगालतों के जाले लगे हैं,

धोखा है महज नजरों का, नजारे तो इसमें नहीं।

जो कुछ बटोरने की हमें लत है, अंधाधुंध ये हरकत है,

सबकुछ पाकर भी यही लगा, कि पाने जैसा कुछ भी तो नहीं।

मोहब्बत में भीगे जो ये नगमे हैं, जीने मरने की जो ये कसमें हैं,

सामना हो ही गया उस बारूद से, उसमें वो चिंगारी तो नहीं।

ये जो कुछ भी घट रहा है, हर कोई इसमें ही फँसा पड़ा है,

सबकुछ अपना सा है, लेकिन हासिल तो कुछ भी नहीं।

वक्त का ये सागर जो बह रहा है, भीतर से दहक रहा है,

लोगों के इस जमावड़े की, ऐसी कोई जरूरत तो नहीं।

यहाँ सबका वही हाल है, जीना तो मुहाल है,

फिर भी चलते जाना है, रूकने की सूरत तो नहीं।

शब्दार्थ

मुगालतों – भ्रम, वहम, संदेह,

तो तेरा डंका जरूर बजेगा

तुम जो खोजोगे, वही मिलेगा, जादू तेरा सब पे चलेगा,

एक दिन तो होकर रहेगा, मुँह माँगा इनाम मिलेगा।

यहाँ खुद को तराशने में, वक्त बेहद जरूर लगेगा,

सपना वो हकीकत बनकर, तेरी आँखों को नम करेगा।

हर चुनौती के बावजूद भी, अगर वो माद्दा बरकरार रहेगा,

यकीनन वो मालिक भी, तेरे जज्बे के आगे झुकेगा।

अब जब चलने की ठान चुके हो, तो कहीं तो तू पहुँचेगा,

एक दिन ये सारा जहाँ, कदमों को तेरे चूमेगा।

मंजिल तेरा इस्तकबाल करेगी, रास्ता भी संग-संग चलेगा,

तेरे चलते रहने से ही, हर परेशानी का हल निकलेगा।

तेरे मन के उदास होने से भी, ये जहाँ तो नहीं रुकेगा,

बस कुछ पल का है ये अंधेरा, ये वक्त जरूर बदलेगा।

तुम जैसे चलाना चाहोगे, सबकुछ वैसे ही चलेगा,

इसी तरह अगर डँटे रहे तो, तू अपने लक्ष्य तक जरूर पहुँचेगा।

काले बादलों को छँटना ही होगा, इन हवाओं का रुख बदलेगा,

ये तुमपर है, जो भी चाहोगे, वक्त तेरे आगे परोसेगा।

जो मर्जी कहे जमाना, तेरा ही राग चलेगा,

तूने जो ठान लिया है, तो तेरा डंका जरूर बजेगा।

कोई शख्स बचा ही नहीं

जाने कितने ही लोग, घुमते फिरते थे यहीं कहीं,

अब तो लाश उठाने को भी, कोई शख्स बचा ही नहीं।

ये कैसा दौर आया, कोई कहता क्यों नहीं,

सबको है सबकी जरूरत, फिर भी कोई साथ देता ही नहीं।

कहाँ गया वो शोरगुल, कहाँ गुमनाम वो चिल्ल पौं,

ये मैंने क्या कहा, अब तो दीवारें भी सुनती नहीं।

मजमा लगा रहता था, खाने की मेज पर,

हो गया मैं इतना तनहा, कि कोई तमन्ना बची ही नहीं।

ये दरवाजे, खिड़की ये परदे, सब मस्ती में झूमा करते थे,

अब तो इनके सिसकने की, कोई आवाज भी आती नहीं।

और मन का मौसम बदल गया

गुजरा है कुछ वक्त ऐसा, कि दिल बेबस रह गया,

ये आप कहाँ से चले आए, और मन का मौसम बदल गया।

बाहर दिखावे की है बहुत रौशनी, भीतर अंधेरा रह गया,

मुरझाई कली फिर खिल गई, और मन का मौसम बदल गया।

इस कुदरत ने सहारा दिया, मैं गिरते-गिरते सँभल गया,

बहार फिर से लौट आई, और मन का मौसम बदल गया।

धोखे-धोखे में प्यार से, ये कैसे दलदल में फँस गया,

अभी जिंदा है मर्दाना मिजाज और मन का मौसम बदल गया।

मुझमें कुछ बचा ही नहीं, मेरा वजूद मिट गया,

अब घुल चुका हूँ मैं फिजाओं में, और मन का मौसम बदल गया।

जलकर भी जो बच गया, वो लहू का कतरा-कतरा बह गया,

हवाओं का रुख फिर से बदला, और मन का मौसम बदल गया।

उस पल ने इतना बेहाल किया, कि जीना मुहाल हो गया,

जान में जान फिर से लौटी है, और मन का मौसम बदल गया।

रोज जीने की वही किचकिच से, हासिल तो कुछ भी नहीं,

बस इस वक्त ने करवट बदली, और मन का मौसम बदल गया।

सबकी देखा-देखी हम भी, आँख मून कर चलते रहे,

आँख खुली तो बदला नजारा, और मन का मौसम बदल गया।

सुबह उठने की रोज जल्दी में, रात पीछे कहीं छूट गई,

बारिश के छींटे आँखों में पड़े हैं, और मन का मौसम बदल गया।

वो किसी और का हो गया

मेरे इतना जो करीब था, जाने कहाँ खो गया,

मैं तो उसका ही था, वो किसी और का हो गया।

न दीवारों को भनक लगी, न राहों को शुबहा हुआ,

अपना जिसको समझा था, वो किसी और का हो गया।

साथ निभाने की बात हुई थी, हाथ बीच में छूट गया,

हमारा सफर बस यहीं तक था, वो किसी और का हो गया।

मेरे शब्दों का पिटारा, उसकी जुबान पे रहता था,

अल्फाज उसके अब बदलने लगे हैं, वो किसी और का हो गया।

जिसे चलना भी मैंने सिखाया, अब उसके पर लग गए,

बाहर की हवाओं ने उसे ऐसा घेरा, वो किसी और का हो गया।

बड़ी चालाकी से चली चाल, ये दिल अवाक रह गया,

हम उसकी मासूमियत पे मारे गए, वो किसी और का हो गया।

दिनभर रहता था वो मुझमें शामिल, न कभी रातों को ओझल हुआ,

अब सारा शमा बदल गया, वो किसी और का हो गया।

फैला है खूब उजियारा, वो मेरी आँखों का तारा,

अंधेरा भी अब डरने लगा, वो किसी और का हो गया।

अच्छा आया ये पड़ाव, वो दौर ढल ही गया,

मुझे बहुत सिखाया उसका शुक्रिया, वो किसी और का हो गया।

दिल को दहलाने से क्या हासिल, जो होना था हो ही गया,

उसकी ये गलियाँ उसे ही मुबारक, वो किसी और का हो गया।

अपना मुकद्दर लिखता गया

भीतर से जितना विशेष, बाहर से साधारण होता गया,

लबादे बहुत ओढ़ रखे थे, धीरे-धीरे सबकुछ छोड़ता गया।

जैसे अनंत काल का है यहाँ ठिकाना, सब समेटने का मिल गया बहाना,

अब चलने की है यहाँ से तैयारी, हर भ्रम तोड़ता चला गया।

सबकी देखादेखी इस दरिया के, बहाव में बहता चला गया,

मुझमें समाए हैं सारे सागर, खुद में डूबता चला गया।

सबसे है मेरा प्रेम, किसी से विरोध कैसा

मैंने ढूँढ़ा है अपना सफर, उसी रास्ते चलता गया।

उसे पाने की है सारी कोशिश, जिसे है छोड़कर जाना,

साथ लेकर कुछ जाने जैसा, मैं ढूँढ़ता चला गया।

मेरी कारगुजारियों का, कोई मुझसे क्यों हिसाब माँगे,

हमेशा वक्त के तराजू में, मैं खुद को तौलता गया।

क्यों इस उम्मीद में बैठा रहूँ, कि मुझे खुद-ब-खुद सब मिल जाएगा,

अपने ही हाथों से, अपना मुकद्दर लिखता गया।

कोई सुने न सुने, ये है उसकी मर्जी,

मैं तो अपना फसाना, सबसे कहता चला गया।

कुछ करने का मिला है मौका, तो जरूर मुझमें कोई बात होगी,

बंद पड़े मन के दरवाजों को, मैं खोलता चला गया।

शब्दार्थ

कारगुजारी – कर्मठता, कर्तव्यपालन

मैं तुमसे प्यार करता हूँ

तुम्हारी जो फ़ितरत है, मैं उसका सम्मान करता हूँ,
तुम मुझको झिड़कती हो, मैं तुमसे प्यार करता हूँ।

जान मेरी आफ़त में है, फिर भी जान तुझपे छिड़कता हूँ,
तुम गुस्सा करती रहती हो, मैं तुमसे प्यार करता हूँ।

इतना दबाया गया हूँ, कि कहने से भी डरता हूँ,
तुम जितना दुत्कारती हो, मैं उतना प्यार करता हूँ।

आदत ही है कुछ ऐसी, कि हमेशा कुड़कुड़ करती हो,
फिर भी सबकुछ सहता हूँ, कि तुमसे प्यार करता हूँ।

तुझे तोड़ने में है महारत, और जोड़ना है मेरी मजबूरी,
बस कायम रहे ये रिश्ता, मैं तुमसे प्यार करता हूँ।

दिल में इतनी खलिश है, फिर भी जीने में कशिश है,
हरदम खुद से यही कहता हूँ, मैं तुमसे प्यार करता हूँ।

मन टूटता है रोज मेरा, मैं कैसे भी जोड़ लेता हूँ,
तुममें खोजी है बहुत अच्छाई, मैं तुमसे प्यार करता हूँ।

वैसे तो कभी एक पल भी, तेरे संग जीना हराम है,
रोज ये सब अनदेखी करता हूँ, मैं तुमसे प्यार करता हूँ।

तुझे बोलने में है दक्षता, मुझे चुप रहने में भलाई है,
हमेशा इस आग को पानी करता हूँ, मैं तुमसे प्यार करता हूँ।

पहले से दहक रही हो, कौन इस आग में नमक छिड़के,
सदैव दरिया सा बह जाता हूँ, मैं तुमसे प्यार करता हूँ।

वो खुशी मुझे मिली है

सुबह-सुबह नींद खुलते ही, वो खुशी मुझे मिली है,
जैसे रात के अंधेरे में, कोई कली चुपके से खिली है।

ठहरने को कई हैं ठिकाने, लेकिन वो मेरे संग चली है,
जो चाहे मैं वो कर डालूँ, वो खुशी मुझे मिली है।

कहीं कोई तो बात होगी, वो मेरे भीतर पली है,
मेरी जान है उसमें शामिल, वो खुशी मुझे मिली है।

बहुत तड़पा हूँ मैं तेरे लिए, और तू सामने खड़ी है,
अब मैं कैसे यकीन करूँ, वो खुशी मुझे मिली है।

अचानक जाने कहाँ से, वो ज्योत मुझमें जली है,
सोते-सोते सर के सिरहाने, वो खुशी मुझे मिली है।

जिसे अक्सर मैं ढूँढ़ा करता था, ये ख्वाबों की वही गली है,
दूर-दूर तक जगमग रौशनी है, वो खुशी मुझे मिली है।

मुझसे मिलने लगा है उसका चेहरा, इतना वो मुझमें ढली है,
मैं समा गया उसमें पिघलकर, वो खुशी मुझे मिली है।

राग द्वेष न कभी किसी से, इतनी नेकदिल, वो इतनी भली है,
मेरी आँखों में हल्की सी नमी है, वो खुशी मुझे मिली है।

क्षमा सबको वो कर देता है, मन से वो इतना बली है,
रंग गया हूँ मैं उसके रंग में, वो खुशी मुझे मिली है।

रौशन हो जाता है मेरा चेहरा, वो जादू की कोई फली है,
उसके पिटारे में आसमां, जमीं है, वो खुशी मुझे मिली है।

मोबाइल के संग रहते-रहते

मोबाइल के संग रहते-रहते, अब मेरा चेहरा मोबाइल से मिलता है,

रहता है रौशन शुरू-शुरू, फिर धीरे-धीरे बुझने लगता है।

गए वो दिन जब लोग, अकेले निकल जाया करते थे,

अब सबकी मजबूरी है ऐसी, ये गले में फंदे सा पड़ता है
मोबाइल के संग...।

टूट गए सब रिश्ते नाते, हर कोई इसमें खोया रहता है,

ऐसा जकड़ा है इसने सबको, इसके प्रभाव में हर कोई रहता है।

सबने कर ली है इससे शादी, हमेशा इसका नशा रहता है,

पहचानता है अब कौन किसको, हर शख्स इसपे मरता रहता है
मोबाइल के संग...।

लोगों के इस हुजूम में, हर चेहरा तो खूबसूरत नहीं,

लेकिन अब इसकी बदौलत, हर फोटो बोलने लगता है।

सेल्फी का दौर तो ऐसा आया, कौन मुझसे हसीन है ज्यादा,

सुबह-शाम, दिन-रात, वक्त-बेवक्त, बस यही तो चलता रहता है
मोबाइल के संग...।

मज़ाल है कि कभी ओझल हो, तकिये के सिरहाने यही सोता है,

घर के बाहर तो बाहर, बाथरूम तक में घुसा रहता है।

पाँव तले जमीन या पानी, कौन देखने की जहमत उठाए,

आभासी, ये काल्पनिक दुनिया के, चंगुल में जकड़ा रहता है

मोबाइल के संग...।

मैं हूँ देखने में जिंदा, फँस गया है पिंजरे में परिंदा,

बस इसी तरह बड़े प्यार से, अपनी आजादी का सौदा होता है।

लत लगी है सबको ऐसी, वक्त सबका जाया होता है,

खुद के भीतर खोजने से ज्यादा, तांका झांकी में वयस्त रहता है

मोबाइल के संग...।

मुझे खुद पे यकीन ही नहीं

कैसे मैं ये कह दूँ, मैंने खुदा को देखा नहीं,

मेरा कोई भी काम, कभी रुका भी तो नहीं।

जो कुछ भी शिद्दत से चाहा है, मुझको मिल ही गया है,

माना की देर लगी है, कभी मना भी तो नहीं।

हाथ पे हाथ धरे रहने से, बेशक कुछ होता नहीं,

लेकिन जुझारूपन का, कोई सानी भी तो नहीं।

ये आसमां, जमीं, ये जंगल, झरने, रोज निकल पड़ते हैं काम पे,

अविचल यूँ ही डँटे रहते हैं, कोई छुट्टी भी तो नहीं।

जाने वो क्या समझाकर, मुझे अपने साथ ले गया,

ये मेरी जिन्दगी, सिर्फ मेरी ही तो नहीं।

मुझको तो ये मालूम भी नहीं, उसने क्या-क्या करवाया मुझसे,

ये मेरा हुनर है उसकी वजह से, मैं कहीं कुछ भी तो नहीं।

दिल खोल के यहाँ हँस लो, या जितने मर्जी आँसू बहा लो,

सबकुछ बदल ही जाएगा, यहाँ ठहरा कुछ भी तो नहीं।

क्यों मैं करूँ शिकायत, कोई आरजू जो दिल में रही,

कर दिया सबकुछ मालिक के हवाले, कहीं मेरे लिए कुछ बेहतर तो नहीं।

मुर्दों के शहर में, खुद को जिंदा बनाए रखना,

पागल हो जाओ तो ठीक है, वरना, रहना तो मुमकिन ही नहीं।

तूने मुझे रखा जिस हाल में, मेरी खुशी की कोई सीमा नहीं,

बाहर देखता हूँ बदहाली का आलम, मुझे खुद पे यकीन ही नहीं।

यहाँ सबको है गगन की ख्वाहिश, इस धरती पे कौन देखे,

उड़ रहे हो हवा-हवा में, यहाँ किसी का कुछ भी तो नहीं।

और मुझसे रहा न जाएगा

किसको पता मोहब्बत में, वो खुशनुमा मकाम आएगा,

उससे कहा न जाएगा, और मुझसे रहा न जाएगा।

सारे जहाँ की बातें होंगी, वो चर्चा अधूरा रह जाएगा,

दो दिलों का ये अफसाना, कौन किसको सुनाएगा।

हरदम होती है दिल में हलचल, मन मचल–मचल जाएगा,

कौन कितना है यहाँ बेबस, कौन हिम्मत दिखाएगा।

लगता है कितना आसान ये सफर, तय यूँ ही हो जाएगा,

चले तो पता चलता है, कभी खत्म न हो पाएगा।

मैंने सुन ली उसकी कहानी, वो मुझे सपनों में बुलाएगा,

कभी हकीकत में हो जाए सामना, तो वो पलकें झुकाएगा।

दूर से देता है मुबारकें, पास गले से लिपट जाएगा,

कुछ कहने की जरूरत ही क्या है, सब, खुद से बयान हो जाएगा।

कौन किसके इन्तजार में, यहाँ पागल हो जाएगा,
हर आने वाली आहट पे, बस उसका ख्याल आएगा।

होता रहा जो इस तरह सामना, तो गुल खिल ही जाएगा,
आदत पड़ गई उसके दीदार की, तो दिल कैसे भुलाएगा।

जरूरी कामों की लम्बी फेहरिस्त में, भला कौन किसको आजमाएगा,
साथ ठहरता है ये वक्त कहाँ, एक पल में तो गुजर जाएगा।

कल का किसको पता

रूठा है क्यों जिंदगी से, मुझको बस इतना बता,

आज खुशी को जी लो, कल का किसको पता।

खो जाओ अभी इस पल में, यूँ झाँको न अगल बगल में,

जो कुछ है यही एक क्षण है, कल का किसको पता।

जाने कहाँ उलझे हो, किस दुनिया में कहाँ खोए हो,

जो करना है अभी कर लो, कल का किसको पता।

आपस में कैसी ये मारामारी, देखो मौसम की तैयारी,

अभी लहराया कुदरत का आँचल है, कल का किसको पता।

जो होना है होकर रहेगा, ये वक्त यूँ ही गुजरेगा,

हर हसरत पूरी कर लो, कल का किसको पता।

अपनी कामयाबी यूँ न जता, कर दुनिया को कुछ अता,

खुशबू बनकर कायनात में समा जा, कल का किसको पता।

ठहरे नजारों का ये सिलसिला, बारिश की बूँदों में ऐसे घुला,

आज बाँहों में इसको भर लो, कल का किसको पता।

मन है गहरा सागर, इसमें भर लो अपनी गागर,

जी भरके ये अमृत पी लो, कल का किसको पता।

समय गुजर गया सो गुजर गया, बस अपनी यादें दे गया,

इन यादों को सहेज लो, कल का किसको पता।

तेरे आज का ठिकाना नहीं है, कोई जाना पहचाना करीब नहीं है,

मुस्कुरा कर अजनबी से मिल लो, कल का किसको पता।

खुद को इतना झोंक डाला, खाया न ठीक से निवाला,

कतरे-कतरे का स्वाद ले लो, कल को किसको पता।

मैं तेरे बिन न रह सका

चला आ रहा है ये सिलसिला, कुछ इस तरह से सदियों से,

तू मेरे बिन न रह सकी, मैं तेरे बिन न रह सका।

एक दूजे पे जान छिड़कें, या जान ले लें एक दूजे की,

दम हमारा निकलते-निकलते भी, आपस में ये गिलह रहा,

तू मेरे बिन...।

हर दम तेरा ये गुस्सा मुस्सा, ये तेरा रूठना शुभान अल्लाह,

मेरी भी क्या मजबूरी, मैं तुझे हर दम मनाता रहा।

कैसे कहूँ मैं जमाने भर से, मेरी चलती नहीं मेरे घर में,

तू हमेशा ही बोलती रही, मैं हमेशा ही सुनता रहा,

तू मेरे बिन न...।

एक बार पुछा मैंने इस हवा से, वो आयी है कौन दिशा से,

जलता-भूनता मैं दहकता रहा, फिर भी उस आग में चला।

कभी तुझमें मैं समा गया, कभी तेरे बिन मैं सुलगता रहा,

तेरे होठों से कभी मैं हँसा, कभी तेरे आँसूओं में बह गया,

तू मेरे बिन न...।

तेरा मेरा ये साथ, हमेशा तलवार की धार पे चला,

तेरा हो कि मेरा हो, लहू दोनों का बहा।

लेकिन अजीब है ये सफर, तू दूर भी है और पास भी,

लेकिन मिल ही गए हो, तो हर पड़ाव बदलता रहा,

तू मेरे बिन न...।

बातों का ये अनंत कारवाँ, भीतर से गुमसुम रहा,

मालूम है मुझको यकीनन, तेरे भीतर क्या चल रहा।

आग-पानी के इस खेल ने, इम्तिहान भरपूर लिया,

कभी डुबाकर मार डाला, कभी जलाकर राख किया।

तू मेरे बिन न...।

मैं तेरे संग न रह सका

बारूद के ढेर पे आग से खेल, आखिर विस्फोट हो ही गया,

तू मेरे संग न रह सकी, मैं तेरे संग न रह सका,

जो कुछ भी था पास में, सब दाँव पे लग ही गया,

लाख कोशिश तू ने कर ली, मैं वैसा ढल न सका,

तू मेरे संग न...।

आग–पानी के इस मेल में, जोर आग का चल गया,

शीतल करने चला था, आखिर पानी उबल ही गया,

तू आई पूरब से, मैं आया पश्चिम से,

दो दिशाओं का ये मेल, कभी आपस में हो न सका,

तू मेरे संग न...।

जोर तूने भी बहुत लगाया, मैंने भी कसर न छोड़ी,

फिर भी अपना ये अहं, कहीं आड़े आ ही गया,

तुझे सुनाने की गंदी आदत है, और मुझे सुनना गँवारा नहीं,

आखिर कब तक बर्दाश्त करता, ये बाँध टूट ही गया,

तू मेरे संग न...।

कहाँ का ये कायदा, तू मुझको बदलने पे आमादा,

टोका-टोकी का ये बदस्तूर सिलसिला, जरूरत से ज्यादा हो गया,

मचा रखी है तूने गंध, यहाँ बोलती मेरी बंद,

इतना खामोश किया, कि मैं गूँगा हो गया,

तू मेरे संग न...।

अनंत मुझपे पहरे लगा लो, अपने कब्जे में चाहे जकड़ लो,

जिंदा तो खुद को रखा, लेकिन तेरे लिए मैं मर गया,

जो तूने धमकाया इशारों में, मेरा दम घुट गया इन दीवारों में,

एक बार जो निकल गया, तो फिर कभी तेरा न हो सक।

तू मेरे संग न...।

बस तुम चलते चलो

सुन लो अपने मन का राग, बस तुम चलते-चलो,

पहचानो खुद की आग, बस तुम चलते चलो।

कश्मकश है बहुत पल-पल में, बड़ा भ्रम है अगल-बगल में,

मिल गया है कोई सुराग, बस तुम चलते-चलो।

दुविधा है, धुँध है, प्यास है, मगर खुद से एक आस है,

ये दिल है बड़ा बेबाग, बस तुम चलते चलो।

ऐसा भी क्या डरना, क्यों दब-दब के हमेशा रहना,

कोई छुटा नहीं बेदाग, बस तुम चलते-चलो।

टेढ़े-मेढ़े जिन्दगी के रास्ते, सब फिरते हैं अपने वास्ते,

जंगल मिले या सुहाना बाग, बस तुम चलते चलो।

थोड़ा जिन्दगी का मजा ले लूँ

एक तरफ ये हसीन मौसम है, रोज की उठापटक दुसरी तरफ,

अपने हाल पे सब छोड़ दूँ, थोड़ा जिन्दगी का मजा ले लूँ।

हर दिन का वो बोझिल सफर है, वही मंजिल, वही डगर है,

इन नजारों में खुद को खो दूँ, थोड़ा जिन्दगी का मजा ले लूँ।

ये ऊँचे-ऊँचे दरख्त, इन दरख्तों का गीला बदन,

इस गीले बदन को बाँहों में भर लूँ, थोड़ा जिन्दगी का मजा ले लूँ।

क्यों खुद से करूँ मैं शिकायत, क्यों रोते रहने की बना लूँ आदत,

इन फुरसत के पलों को संजोकर रख लूँ, थोड़ा जिन्दगी का मजा ले लूँ।

रोज भाग-भाग के थक गया हूँ, आज थोड़ा मैं ठहर गया हूँ,

इस अंतहीन गति को स्थिर कर दूँ, थोड़ा जिन्दगी का मजा ले लूँ।

चल रहा है ये कैसा दौर, रोजी-रोटी की वही दौड़,

आज इन वादियों से पेट भर लूँ, थोड़ा जिन्दगी का मजा ले लूँ।

रंग बिरंगी छटाएँ बिखरी हैं, हर तस्वीर संवरी-संवरी है,

जरा खुद पे भी यकीन कर लूँ, थोड़ा जिन्दगी का मजा ले लूँ।

रिमझिम सावन की घटाओं में, सारा समा है प्यारा-प्यारा,

इनके प्यार में आँहें भर लूँ, थोड़ा जिन्दगी का मजा ले लूँ।

इतनी खलबली है अंदर, बाहर, कोई ओढ़ा दे बादलों की चादर,

खुद के भीतर समाधी बना लूँ, थोड़ा जिन्दगी का मजा ले लूँ।

रोज जिन्दगी को जबरन खिंचता हूँ, काँधे पे मजबूरी लिए फिरता हूँ,

आज खुद को खुद से आजाद कर दूँ, थोड़ा जिन्दगी का मजा ले लूँ।

आज तेरी गोद में रखकर देखा

मैं अपने मन की करता रहा, अब तेरी सुनकर देखा,

मैंने अपनी हर सोच को, तेरे हवाले करके देखा।

ये जहन हर बात में, बहुत दिमाग चलाता है,

मैंने अपने सर को आज, तेरी गोद में रखकर देखा।

मैंने ये ठाना है, तुम जो कहोगे मान लूँगा,

तेरी खुशी की खातिर, खुद को कुर्बान करके देखा।

अपने प्यार के इम्तिहान में, मुझे हर सवाल मंजूर है,

आज मैंने हर जवाब, तेरे हिसाब से देकर देखा।

जब तुम ही न रहोगे, तो मैं किस पर गुमान करूँगा,

मैंने तेरी खातिर, अपनी हस्ती को मिटाकर देखा।

अगर, सच्चा है इश्क मेरा, तो हर बात बन जाएगी,

मैंने अपने गुरूर को, तेरी मोहब्बत में उबालकर देखा।

कैसे नहीं बनेगा, वो सपनों का महल हमारा,

जज़्बातों की मिट्टी में, खून पसीना मिलाकर देखा।

कहीं, कोई तो बात होगी, जो मालिक ने हमको मिलाया,

तेरी हर ख्वाहिश को, फिर से जानकर मैंने देखा।

दरो, दीवार तक का मैं आशिक हूँ, तू तो फिर भी इंसान है,

अपने सीने में सुलगते, आज हर अरमान को दबाकर देखा।

एक अरसा गुजर गया है, कभी नजरों को मिलने न दिया,

तू आसमाँ में उड़ने लगी, जब तुझे बाँहों में भरकर देखा।

तो अच्छा था...

ये जो तुमने सामान सजाकर रखा है, तो अच्छा है,

थोड़ी जिन्दगी भी सजा ली होती, तो अच्छा था

अच्छा दिल अपना बहलाया, बेजान चीजों से काम चलाया,

खुद की जान को जाना होता, तो अच्छा था।

जो तुमको पसन्द नहीं, वो सामान उठाकर फेंक दिया,

काश उसको सँभाला होता, तो अच्छा था।

हर मुर्दा चीज से, तूने दोस्ती कर ली,

जिन्दा रखा होता रिश्तों को, तो अच्छा था।

मुझे मालूम है तुमने बहुत, दीवारों को समझने की कोशिश की,

आपस की दीवारों को गिराया होता, तो अच्छा था।

खुद की हाँकते रहते हो, बात फिर भी बनती नहीं,

थोड़ा सुनना भी सीखा होता, तो अच्छा था।

वाह, क्या अदा है आपकी, अजनबियों से घुल मिल जाते हो,

काश, अपनों से घुल मिल पाते, तो अच्छा था।

जिसके दम से जिन्दा हो, उसके बिना मरके देख लो,

काश जीना तुम्हें रास आ जाता, तो अच्छा था।

बहुत अच्छा है तुम्हें जो, शौक, तूफानों से खेलने का चढ़ा है,

एक बार, बिखर कर देख लेते, तो अच्छा था।

तूने घर अपना तोड़ लिया, जुबान से जहर उगलने में,

थोड़ा खामोश भी रह जाते, तो अच्छा था।

जिसे पाने की तलब करते हो, उसे खोकर भी देख लेते,

फिर भी, तुम्हें सब कुछ मिल जाता, तो अच्छा था।

मुझे मालूम है ऐसी बातों से, तुमपर, कोई असर नहीं होता,

ये असर, बेअसर न हो जाता, तो अच्छा था।

जैसे शेर की दहाड़ हो

आप में उर्जा की कोई कमी नहीं, आप तो शक्ति का भंडार हो,

याद करो अपनी हिम्मत को, आप हर परेशानी पे प्रहार हो।

कितना भी वक्त भारी आया हो, आपने घुटने कब टेके हैं,

जिन्दगी के इस जंगल में, जैसे शेर की दहाड़ हो।

ऊपर से लगते हो छुई मुई से, भीतर आपके फौलाद भरा है,

हर मुश्किल वक्त में, और निखार आप में आया है।

ये जो लड़ने का जज्बा है आपमें, आपको हमेशा शिखर पे रखता है,

ये आँधियाँ तो आती रहती है, आपको कौन सा फर्क पड़ता है।

वो हालात अभी बने ही नहीं, जो आपको हिलाकर रख दे,

कौन है जो आपका सामना करे, सबको मिट्टी में मिलाकर रख दे।

यही आपका निशान है

आज फिर वही शाम है, कहाँ आपका मकाम है?

कुदरत की काया में तू रची बसी, हर तरफ आपका ही नाम है।

वो बातें बनी ही नहीं, जिन बातों में तुम समा जाओ,

हर पयमाने से छलक जाती हो, यही आपका निशान है।

ढूँढ़ने से जो मिलते नहीं, उन्हें ढूँढ़ने की जरूरत क्या है ?

खुद ब खुद जो चले आते हैं, उन्हें बुलाने की जरूरत क्या है ?

ऐसा कहने को कुछ भी नहीं, जो उसकी खामोशियों से कही न जाए,

फूल बरसते हैं उसके लबों से, बाकी निगाहों से बयान सब हो जाए।

जी भरके देखते थे उनको, अब एक जमाना देखे हो गया,

फिर भी मिल जाते हैं वो कभी कहीं, तो लगता है कोई सपना सच हो गया।

आपने फिर से जिन्दा कर दिया

जो दूर रहकर आपने किया है, वो पास रहकर भी कोई करता नहीं,

शोक-संदेशों का दौर है मरने के बाद, जिन्दा रहने की दुआ कोई करता नहीं।

जिनके सीने में धड़कता था मैं, उन्होंने सीना निकाल कर रख दिया,

जान जाने का शोर सुना ही नहीं, दिल की हर हलचल को थाम लिया।

मुझको मेरे बारे में मालूम ही नहीं, उसकी भी खबर है उनको,

साँस लेना जैसे मैं भूल ही गया, सौंप दिया सर्वस्व जिनको।

अब तक तो दो ही राजदार थे, वो चाहे मैं था, या मेरा खुदा,

ये कौन आया मेरे जीवन में, जिसे सब पहले से रहता है पता।

अजनबी दुनिया के हुजूम में, कोई यूँ ही नहीं समाता साँसों में,

कहीं कुछ तो कोई बात होगी, जो आज शामिल है वो हर धड़कनों में।

वही मेरा दिया बाती है

ये जरूरी नहीं हर परेशानी, हमें तोड़ने आती है,

हमारे भीतर की गुप्त शक्ति को, जोड़ने को आती है।

शायद हमारा कोई लक्ष्य न हो, ये वक्त यूँ ही गुजर रहा हो,

जिन्दगी ऐसे भी कभी, कोई परीक्षा लेने आती है।

शायद, ईश्वर की कोई योजना हो, वो आपको कुछ देना चाहता हो,

कौन जाने वो इसी बहाने, वो आपको मजबूत करना चाहता हो।

बुरा बहुत कुछ हो सकता है, लेकिन कहीं, कुछ तो अच्छा होगा,

मेरे मन में यही विश्वास है, कि सबकुछ अच्छा ही होगा।

मैं उसके इशारों पे चलता हूँ, वो ईश्वर मेरा सारथी है,

मैं जलता हूँ, जैसे वो जलाता है, वही मेरा दिया बाती है।

कुछ गजब होना बाकी है

थोड़ा अभी पाया है, थोड़ा पाने की तलब बाकी है,

ऐ जिन्दगी मुझमें अभी, जीने की ललक बाकी है।

लोग कहते हैं हर इंसान में, एक खुदा भी होता है,

काश कोई पहचान ले, मुझमें तेरी झलक वो बाकी है।

कतरा-कतरा जी रहा हूँ, ये सफर अभी लम्बा है,

मजा भरपूर ले रहा हूँ, मुझमें जीने की खनक बाकी है।

ऐ जिन्दगी तेरे हर रंग को, मैं घोल-घोलकर पी रहा हूँ,

यहाँ मरने से पहले, ये जीने का शबब काफी है।

मुझको मालूम है मेरे भीतर, कहीं तू ही पल रहा है,

ऐ मालिक मेरे हाथों से, कुछ गजब होना बाकी है।

जिन्दगी एक सर्कस है, कई किरदार अभी निभाने हैं,

वो हुनर, वो हौंसला है, वो करतब दिखाना बाकी है।

मुझको तो ये यकीन है, कि ये होकर ही रहेगा,
दुनिया को मेरे इस कदम की, भनक मिलना बाकी है।

कुछ वक्त का इंतजार है, हर सपना साकार होगा,
मोहर तुम्ही लगाओगे, वो सनक मुझमें बाकी है।

बस आसमाँ को नापना था

घर से निकलने की देर थी, काम होता चला गया,

जैसे की हर काम को, मेरे आने का इन्तजार था।

मैं हैरत में था, जाने कैसे, सबकुछ पहले से तय था,

लोग मिलते गये ऐसे, जैसे उनको होना ही था।

मैंने किसी से कुछ न कहा, न किसी को आने की खबर दी,

फिर, कैसे हर कोई, मेरा काम करने को बेताब था।

हो न हो उस मालिक ने, कहीं मेरी सिफारिश कर दी,

या सबकुछ करवाने में, मेरे कर्मों का हाथ था।

मौसम का अच्छा मिजाजा था, या आबो हवा में राज था,

जो भी था, सबने मिलकर, मेरा हर काम साधा था।

लोग मिलने लगे क्यों मुझसें, ऐसे, जैसे उनको कोई काम था,

मेरा काम करने में, जैसे उनको कोई ईनाम था।

कुछ ऐसा ही हो रहा था, जैसे मेरे हाथों ही होना था,

मेरी जमीन उसने तैयार की, बस आसमाँ को नापना था।

मेरी क्या हस्ती है? कोई सुने क्यों मेरे मन की ?

फिर भी जाने क्यों हर कोई, मेरा स्वागत कर रहा था।

ऐसा पहले न होता था, पहले भी मैं निकलता था,

इसको मैं क्या समझूं ? क्या वक्त मेरा यूं बदलना था।

हाथों-हाथ सबकुछ होने लगा, मुझमें कुछ और ही जोश था,

ईश्वर मेरे साथ था, सारा जमाना दोस्त था।

जहाँ जान की बाजी लगी होती है

कोई सीढ़ी जो आसमां तक जाती होगी, सागर में गोता लगाती होगी,

बहुत बार मैंने ये सोचा है, क्या वो मुझको बुलाती होगी।

खुद की मुझको खबर ही नहीं, न किसी और को होश है,

जिस सिद्दत से मैंने उसे चाहा है, क्या वो भी मुझको चाहती होगी ?

यूं ही धड़कता नहीं कोई दिल में, कहीं कुछ तो कोई बात होगी,

सुबह से शाम तो रोज होती है, क्या वो मिलन की रात भी होगी ?

मोहब्बत के जुनून में, खूब सिफारिश कुदरत से होती है,

टूट जाती हैं दरों दीवारें, चारदिवारी फिर कहाँ होती है।

बारिश की हर बूँद, गहरे सागर में उतरती नहीं,

हर हदें वहाँ टूट जाती हैं, जहाँ जान की बाजी लगी होती है।

राज दावत खूब चली है

रात दावत खूब चली है, पूड़ी की खुशबू आई है,
मैंने भी उस खुशबू से, लगा-लगाकर रोटी खाई है।

हवाओं में कुछ ऐसी महक है, बिन खाए मुँह में चहक है,
पकवानों से भरी प्लेट ने, मेरी भूख भी बढ़ाई है।

अब ये उसकी मर्जी है, वो बुलाए, न बुलाए हमको,
हमने भी दूर रहकर, दावत में शिरकत फरमाई है।

कुछ मिल जाए तो वो बात नहीं, न मिलने में मजा बड़ा है,
फूल की शोभा है टहनियों में, न टूटे तो भलाई है।

आपकी महफिल में, मैं दूर भी था और पास भी,
न मिलते तो अच्छा था, मिल जाए तो रूसवाई है।

मेहमानों का दिल गदगद है, मेजबानों की खातिर-तवज्जो है,
किसी ने मुझको बताया, इस महफिल में वो भी आई है।

अपने दिल को बेचैन करके, खुद की परेशानी क्यूँ बढ़ाऊं,
आपको यहाँ से जाना ही है, इससे अच्छी तनहाई है।

शब्दार्थ

शिरकत – शरीक होना, सम्मिलित होना

रूसवाई – बदनामी, बेइज्जती

तो मन खराब हो गया

हुई उजली सुबह, कहाँ से आई मनहूस खबर,

हुआ ऐसा असर, कि मन खराब हो गया।

तूने कुछ ऐसा कहा, मुझसे रहा ना गया,

सोचने के काबिल न रहा, मन खराब हो गया।

ये भी कोई जिन्दगी है, न जीती है, न मरती है,

देखा उनको सिसकते, तड़पते, तो मन खराब हो गया।

अपने बच्चों की खातिर, जिन्होंने सबकुछ लुटा दिया,

उनको देखा मोहताज, लाचार, तो मन खराब हो गया।

माँ की आँखों का तारा, पिता का दुलारा,

फुटपात पे देखा उनको बेसहारा, तो मन खराब हो गया।

झूठी हमदर्दी की खातिर, घड़ियाली आँसू हमने बहाए,

सच्चे आँसूओं को जब पथराते देखा, तो मन खराब हो गया।

लोग ऐसे अगर जीते हैं, तो ऐसी जिन्दगी की जरूरत क्या है ?

दिन, मौत के वो इस तरह गिनता है, तो मन खराब हो गया।

हाथ अपना फैलाये, एक दूजे से माँगते भिखारी,

एक निवाला न फिर भी पाए, तो मन खराब हो गया।

एक दूजे की जान का प्यासा, क्यों मरने मारने पे यूं आमादा।

ऐसी लाशों का ढेर जब देखा, तो मन खराब हो गया।

तो थोड़े पैसे खर्चे जाएँ

दिल हो गया है बहुत उदास, तो थोड़ी शॉपिंग की जाए,

अब नहीं है कोई काम, तो थोड़े पैसे खर्चे जाएँ।

पैसे खर्चना भी है अगर काम, तो क्यों न दिल को बहलाया जाए,

घर से निकला जाए बाहर, और थोड़े पैसे खर्चे जाएँ।

मँझधार में फँसे जब मन, तो दिल से निकले, हाए,

जब सूझे न कोई उपाय, तो थोड़े पैसे खर्चे जाएँ।

कब तक विचारों में गुम, मन के भीतर झाँका जाए,

वहाँ से भी आए न कोई आवाज, तो थोड़े पैसे खर्चे जाएँ।

क्यों न ऐसा करें, कहीं से, थोड़ी हिम्मत जुटाई जाए,

फिर भी वो ताकत न आए, तो थोड़े पैसे खर्चे जाएँ।

मुझे मालूम नहीं बाजार में, ऐसी खरीददारी से क्या होगा?

आ ही गए हैं तो कुछ लेते जाएँ, थोड़े पैसे खर्चे जाएँ।

इतना आलस से भरा है तन, कि मेहनत की जहमत कौन उठाए,

अभी तो बस यही ख्याल है, कि थोड़े पैसे खर्चे जाएँ।

पेट भरा हो, करने को काम न हो, और उस पर नींद खूब आए,

सो सोकर भी जब थक जाएँ, तो थोड़े पैसे खर्चे जाएँ।

मन के भीतर की खुशी का ज्ञान नहीं, दिल बाहर ही बहलाया जाए,

फिर भी आए न दिल को करार, तो थोड़े पैसे खर्चे जाएँ।

धोखे में रहने की हमें आदत है, तो धूल आँखों में झोंकी जाए,

पुराने पड़े ये रोज के सवाल, तो फिर से, पैसे खर्चे जाएँ।

 तो कुछ सवाल करके जाऊँगा

मैं तेरे दर पे आया हूँ, कुछ तो लेकर जाऊँगा,

ये जमीन, ये आसमाँ, एक करके जाऊँगा।

मुझको नहीं मालूम, क्या तूने सोच रखा है,

मैं जो करने आया हूँ, वो मैं करके जाऊँगा।

साजिश तमाम करके, तूने मेरे हक का छीन लिया,

तरकीबें अपनी लगाकर, मैं वो लेकर जाऊँगा।

हसीन चेहरे जो बिठा रखें हैं, मुद्दे से भटकाने के लिए,

मेजबानी का सलीका, तुम्हें सिखाकर जाऊँगा।

जवाब तुझसे मिला ही नहीं, तो मुझको आना ही पड़ा,

अब जब आ ही गया हूँ, तो कुछ सवाल करके जाऊँगा।

हमेशा घूमकर लौट जाता हूँ, मुझे कोई घुमने का शौक नहीं,

आज तो हर हाल में, तुझसे मिलकर जाऊँगा।

आपने कोशिश तो बहुत की, कि मुस्कुराकर काम चला लो,

आज आपकी उस दुखती रग पे, हाथ रखकर जाऊँगा।

ये मेरी नजरों का धोखा नहीं, जो कुछ मैं देख रहा हूँ,

तेरी हर दिवार पे, दस्तक देकर जाऊँगा।

तेरे लबों ने जो कहा नहीं, वो मैं सुन चुका हूँ,

तेरी नजरों के वो इशारे, आज देखकर जाऊँगा।

जतन सबने तमाम कर डाले, अभी माहौल बदला नहीं है,

आज मैं भी अपने हिसाब से, तुझे ढालकर जाऊँगा।

हम दोनों हैं यहाँ मुसाफिर, दोनों का मुख्तलिफ सफर है

अब भी समझे नहीं हुजूर, तो आज समझाकर जाऊँगा।

तो कहना पड़ा सब ठीक है

जिन्दगी जिस भी हाल में, चाहे जैसे भी रखे,

फिर भी किसी ने पूछा, तो कहना पड़ा सब ठीक है।

उठने लगा सीने में तूफान, या मन के सागर में आए उफान,

फिर भी खोली उसने जुबान, तो कहना पड़ा सब ठीक है।

अपना जज्बा ही कुछ ऐसा है, कि मुस्कान चेहरे से हटती नहीं,

किसी ने पूछा हँसी का निशान, तो कहना पड़ा सब ठीक है।

बेचैनी के इस आलम में, कहीं मिलता न चैन, सुकून,

उसने देखा आशा भरी नजरों से, तो कहना पड़ा सब ठीक है।

गुरबत की तंग गलियों से भी गुजरे, हाथ फिर भी न कभी फैलाये,

किये जब किसी ने इशारे, तो कहना पड़ा सब ठीक है।

जिन्दगी के चलते-चलते, कब हो जाए मौत से सामना,

फिर भी पुछे अगर जमाना, तो कहना पड़ा सब ठीक है।

खुशी का तो मालूम नहीं, गम से है पुराना नाता,

खोला जो ये वक्त का खाता, तो कहना पड़ा सब ठीक है।

कौन है यहाँ जो, हर परेशानी को ले लेगा,

किसी ने दिया न साथ, तो कहना पड़ा सब ठीक है।

करने वाला कोई नहीं, फिर भी पूछता है हर कोई,

हर सवाल का यही जवाब है, तो कहना पड़ा सब ठीक है।

गुफ्तगू का यही अंदाज है, हर दिल में कोई राज है,

उसका अगर यही आगाज है, तो कहना पड़ा सब ठीक है।

मैंने किनारा कर लिया

मन के भीतर मुझे बाँध के, बेड़ियाँ कदमों में डाल दे,

देखो ऐसी सोच से मैंने, किनारा कर लिया।

बेशक लिखना मेरा जुनून है, और सोचना सुकून है,

इस मजधार में फसने से पहले, मैंने किनारा कर लिया।

मन के भीतर की तरह, बाहर की दुनिया में भी दौड़े,

इस दलदल में गिरने से पहले, मैंने किनारा कर लिया।

ऐसी भी क्या बंदिश, जो हाथ बढ़ाने से मुझे रोके,

किसी फैसले पे पहुँचने से पहले, मैंने किनारा कर लिया।

मन के भीतर का ये सफर, बाहर भी चलने लायक हो,

हाथों में हथखड़ी लगाने से पहले, मैंने किनारा कर लिया।

अगर ख्यालों से ज्यादा, जो जरूरी हो वो भी हो,

इस भँवर में फसने से पहले, मैंने किनारा कर लिया।

आज मेरे विचारों से ज्यादा, किसी को है मेरी जरूरत,

सब कुछ बस यूं ही छोड़कर, खुद से किनारा कर लिया।

ऐसा भी क्या मंथन, जो मन के बाहर निकलने से रोके,

तत्काल रोका ये विचार, और खुद से किनारा कर लिया।

जब हर दिशाएं नींद में सोती है

जो रहते हैं जिन्दगी में शामिल, वो हरदम जताते नहीं,

घुले हुए हैं इन साँसों में, लेकिन धड़कनों को बताते नहीं।

बात करते हैं वो इस अदायगी से, कि बात बनाने की जरूरत नहीं,

हर बात बन जाती है खुद ब खुद, उपर से कुछ मिलाने की जरूरत नहीं।

मोती बनकर जो सागर में रहते हैं, बरिश की बूँदों में जो चहकते हैं,

हर फूल में हलचल होती है, जब ओस बनकर सर्दियों में बरसते हैं।

सूरज की पहली किरण में शरीक, शाम को वो ये कहती है,

कि रात को मेरे आगोश में चले आना, जब हर दिशाएं नींद में सोती है।

इतना अमीर बना दिया

न जाने मैं कितनी बार, कहाँ-कहाँ गिरा,

माँ ने हर बार, पुचकार कर उठा लिया।

याद रहा न कुछ भी, मुझको जाने क्या हुआ,

माँ ने सारा दर्द, फूँककर उड़ा दिया।

कोई फर्क नहीं पड़ता, मुझपे जैसे भी वार हुआ,

माँ ने बाहों में भरके, मुझे सीने से लगा लिया।

आता नहीं था मुझे कुछ भी, मैं बिल्कुल अनाड़ी था,

हाथ पकड़-पकड़कर माँ ने, सबकुछ सिखा दिया।

बिन काम, सिर्फ भाषण से, पंडिताई बहुतों ने की,

माँ ने मुश्किल हर सफर, खुद तय करके दिखा दिया।

डरने की कोई बात नहीं, अब हो जाए मौत से सामना,

जिन्दगी को जिन्दादिली का, माँ ने फरमान सुना दिया।

जीवन भर बाँटता रहा, मैं वो प्रेम की दौलत,
माँ ने झोली मेरी भर दी, इतना अमीर बना दिया।

अब कौन हिसाब करें, मुझे क्या-क्या मिला,
जिन्दगी का सब हासिल, मुझपे लुटा दिया।

आज उनका ख्याल आया है

मेरी माँ ने जो लगाए थे अमरूद के पेड़, आज उनमें फल आया है,

हो गई वो इस दुनिया से रुखसत, आज उनका ख्याल आया है।

खुद के बारे में कब उन्होंने सोचा? कब अमरूद खाने का सवाल आया था,

उन्होंने तो बस दूसरों की खातिर, ये अमरूद का पेड़ लगाया था।

आज बहुत खुश हूँ मैं इस बात से, कि उनका कहा याद आया है,

आज इस पेड़ की शाखों पे पंक्षी बैठे हैं, भरी दोपहरी में यहाँ छाया है।

फल, पत्ते, टहनियाँ सब हैं यहाँ, कब हमने पहरा डाला है,

बंदिशों से हमारा कोई वास्ता नहीं, जिसने जो चाहा वो पाया है।

मेरी माँ की बड़ी तमन्ना थी, कि कोई खाली हाथ न मेरे घर से गुजरे,

सबको मिलेगा अमरूद का तोहफा, खूब भरकर बौर आया है।

आज हो पंक्षियों के चहचहाने की खुशी, या फूलों पे कोई भँवरा आया है,

किसी को तो मिली जिन्दगी, कोई जिन्दा रहने आया है।

यहीं कहीं आस-पास है मेरी माँ, हमेशा अपने करीब पाया है,

अमरूद का ये पेड़ नहीं, ये तो उनकी काया है।

ये यकीन नहीं होता है

आप जिन्दगी में यूँ शामिल थे, कि अहसास नहीं होता था,

आज हमारे बीच आप नहीं हो, ये यकीन नहीं होता है।

जैसे कल ही की बात हो, आपके सिरहाने ये रात हो,

फिर वो दिन कभी न होगा, ये यकीन नहीं होता है।

हरदम वो आपका साथ, मेरे सर पे आपका हाथ,

फिर मुमकिन न कभी होगा, ये यकीन नहीं होता है।

जाने कैसा था आपका प्यार ? हमेशा हर चीज को तैयार,

अब फिर से न नसीब होगा, ये यकीन नहीं होता है।

इतनी आदत है आपकी, जैसे कोई इबादत है आपकी,

अब कहाँ वो सर झुकेगा ? ये यकीन नहीं होता है।

मेरी रूह में तू ही तू, मैं तुझसा हूँ हू-ब-हू,

वो तेरा साया न होगा, ये यकीन नहीं होता है।

आपके चेहरे पे था कितना सुकून, जिससे रहता या मुझमें जुनून,

वो पहले जैसा कुछ भी न होगा, ये यकीन नहीं होता है।

आपके अद्भूत जोश से, हम करते थे जय घोष,

अब सब जीतकर भी क्या होगा, ये यकीन नहीं होता है।

कोई जादू का पिटारा था, वो मैला सा आपका थैला,

अब कुछ न निकलेगा उस थैले से, ये यकीन नहीं होता है।

सबकुछ आपसे सजा सँवरा था, ओ पापा, ओ मेरे पापा,

आपके बिना भी जीना पड़ेगा, ये यकीन नहीं होता है।

उसमें प्यार भी मिलाया जाता है

खाना तो सब बनाते हैं, लेकिन वो स्वाद कहाँ आता है,

ओ माँ आज मुझे पता चला, उसमें प्यार भी मिलाया जाता है।

मुझे मालूम है तू बीमार है, खड़ी होने में लाचार है,

ओ माँ आज मुझे पता चला, थोड़ा दर्द भी मिलाया जाता है।

कैसे अपनों की खातिर, खुद को मिटाया जाता है,

ओ माँ, आज मुझे पता चला, खाने में धड़कनों को मिलाया जाता है।

तेरी महकती आँखों से, ममता को बिछाया जाता है,

ओ माँ, आज मुझे पता चला, आँचल की खुशबू को मिलाया जाता है।

तेरा प्यार उमड़ता है खाने में, जब कोई पेट भरके खाता है,

ओ माँ, आज मुझे पता चला, दिल भी पिघलाकर डाला जाता है।

तेरे दुख की कोई सीमा नहीं, आँखों से बहता है झरना कोई,

ओ माँ आज मुझे पता चला, उन आँसूओं को भी मिलाया जाता है।

नमक, तेल, मसाला, मिर्च का तड़का, तो हर कोई मिलाता है,

ओ माँ तेरे हाथों से, वो जादू भी छलकाया जाता है।

तेरे काम में कोई अवकाश नहीं, फिर भी तुझे कोई मलाल नहीं,

हर मौसम में अच्छे स्वाद के लिए, बूढ़ी हड्डियों को गलाया जाता है।

पराठे की तह बनाते-बनाते, तेरे बदन पे झुर्रियाँ पड़ी हैं,

काँपते हुए, बूढ़े हाथों से, ठंडा पानी पिलाया जाता है।

हर दर्द में हँसती रहती हो, सबके लिए दुआ करती हो,

सारी दुनिया तुझसे सीखे, कैसे खुद को लुटाया जाता है।

क्या कहूँ ओ माँ तेरे बारे में, कहाँ मुझसे कहा जाता है,

वो शब्द अभी बने ही नहीं, जिसे तेरी सख्सियत में उतारा जाता है।

मैं फिर से जी गया

तुझसे कीमती कुछ भी नहीं, जो गया सो गया,

पैसा बहुत कमा लिया, बस, तुझे जिन्दा बचा लिया।

तेरे रहते-रहते कभी, ये अहसास हुआ ही नहीं,

कब तेरी साँसों को, मैंने सीने में समा लिया।

मुझे क्या मालूम तेरे संग-संग, धड़कने मेरी चलती है,

बिगड़ती तेरी तबियत, सुनकर मैं मर गया।

तेरे रहने से नूर है, तुझसे मुझमें गुरूर है,

तुमको सामने न पाकर, जैसे, मैं तो बुझ गया।

आज तुमको सामने देखकर, मैं फिर से जी गया,

मालिक ने मेरी सुन ली, मेरी दुआओं का असर हो गया।

तेरे बिन सब सूना सूना सा, दिन रातों का नहीं था ठिकाना,

तेरे ख्यालों में जगा रहा, फिर जाने कब सो गया।

तेरी बिगड़ती तबीयत देखकर, जी मेरा भर गया,
खाने पीने की सुध न रही, बस जैसे तैसे खा लिया।

हर आहट पे दिल धक से हुआ, जाने क्या खबर आ जाए,
काबू किया बहुत खुद को, फिर खुल के रो लिया।

आज जबकी तू नहीं है, तो इन दीवारों ने पूछ ही लिया,
कहाँ से वो आई थी, और वापस किसने बुला लिया।

जिंदादिली शान होती है

बात इतनी है कि बात कुछ भी नहीं, लेकिन फिर भी बात उठती है,

बात बनाना दुनिया का काम है, हर बात से बात बनती है।

कुछ हो या न हो ये किसको पता, लेकिन कहीं पते की बात होती है,

जाने पहचाने रास्तों पे भी, कभी अजनबियों से मुलाकात होती है।

कभी झट से यकीं हो जाता, तो इनामों की बरसात होती है,

कभी शक-ओ-शुब्हा के घेरे में, ये जिंदगी यूं भी तमाम होती है।

जिंदा रहकर जीने में मजा है, तो कहीं मौत की अपनी सजा है,

लड़ने का हमेशा जज्बा रखो, फिर देखो मालिक की क्या रजा होती है।

हर वक्त पे जो भारी पड़े, वही इंसा की पहचान होती है,

जांबाज़ी है उसका गहना, जिंदादिली शान होती है।

रात के इस हसीन मंजर में

रात भर इन चांद सितारों के तले, हम यूं ही बैठे रहें,

सोई-सोई सी हर सांस में, हम जिंदगी बनकर जागते रहें।

साथ कोई न हो भले हमारे, लेकिन फिर भी हम गुमान करें,

रातभर इन कुदरत के नजारों को, हम यूं ही निहारते रहें।

सर सर करती हवाओं में, अपने एहसासों को प्यार करें,

या फर-फर करते पत्तों में, अपनी आवाजों को शुमार करें।

सारी दुनिया हो भले रुकी रुकी सी, फिर भी अपनी चाल हम बढ़ा दें,

कहीं गुजर न जाये ये रात जल्दी से, इसे अपनी बांहों में थाम लें।

आकाश की विशाल राहों में, हम इन तारों का श्रृंगार करें,

या दुल्हन सी सजी इस रात के माथे पर, चांद सी बिंदिया को दुलार करें।

सारे जग में फैले इस अंधेरे को, हम अपनी आत्मा से रौशन कर दें,

आज अपनी कल्पना के अनछुए पहलूओं से, सूक्ष्म विचारों को जन्म दे दें।

ऐसा गुलिस्तां कहीं न मिलेगा

अपने घर के जैसा चाहत का समंदर, तुम्हें सारी दुनिया में कहीं न मिलेगा,

मेरी न मानो तो घूम कर देखो, ऐसा गुलिस्तां कहीं न मिलेगा।

अजनबियों की भीड़ में एक भी, तुम्हें अपना न मिलेगा,

होठ तरसेंगे तुम्हारे कुछ कहने को, लेकिन कोई सुनने वाला न मिलेगा।

तुम्हारे दिल का हाल जानने वाला, तुम्हारी हर बात पर मिटने वाला,

तुम्हारे लिए ही जीने वाला, वो ममता का आंचल कहीं न मिलेगा।

हर धूप को छांव में बदलने वाला, साया बनकर साथ चलने वाला,

अपने पिता का वो मजबूत हाथ, सारे जहां में खोजे न मिलेगा।

हर सुख-दुख में साथ निभाने वाला, पग-पग पर मदद करने वाला,

जीवन में ऐसे सच्चे यारों का, वो हसीन साथ कहीं न मिलेगा।

ये चेहरा

न जाने कितने ही रहस्यों से, परिपूर्ण है हर एक चेहरा,

चेहरे की भाव भंगिमाओं से, परे भी है एक चेहरा।

कितने ही राज को छुपाते-छुपाते, बता देता है ये चेहरा,

कितने ही राजों को बताते-बताते, छुपा लेता है ये चेहरा।

मन के भीतर ईर्ष्या द्वेष लेकर भी, कैसा मुस्कुराता है ये चेहरा,

और धीर गंभीर सा भाव दिखाकर भी, कैसा खिलखिलाता है ये चेहरा।

जन्म से लेकर मृत्यु तक, कितने ही अहसासों को निभाता है चेहरा,

कभी क्रोध में तमतमाता, तो कभी प्रेम छलकाता है ये चेहरा।

शर्मो हया से कभी पलकें झुकाता, तो कभी रूठ जाता है ये चेहरा,

कभी अपनी तारीफ में खुशी से लाल होकर, दिल को धड़काता है ये चेहरा।

चेहरा, चेहरों को देख देखकर, इंसान की छवि बनाता चेहरा,

चेहरों से आती रौशनी में भी, कभी नहाता है कोई चेहरा।

चेहरे की अदाओं में गिरफ्तार, कितना मोहित है दूसरा चेहरा,
जाने कैसे-कैसे सपने, संजोता है ये चेहरा।

मैं महान बनने चला हूँ

किसको क्या पता मैं दिल में, कितना तूफ़ान लेकर चला हूँ,

कदमों तले खिसकती जमीन, तो कभी टूटता आसमान लेकर चला हूँ।

जाने क्या पाया मैंने जीवन में, फिर भी ये गुमान लेकर चला हूँ,

सब कुछ खोने के बाद भी, कुछ पाने का अरमान लेकर चला हूँ।

जाने मेरे दिल पे क्या-क्या बीती है, फिर भी मैं मैदान में डटा हूँ,

मैं मरकर भी निभाऊंगा अपने कौल को, आखिर मैं जुबान जो दे चला हूँ।

जाने कितनी ही बार जख्म खाकर भी, मैं गिर-गिरकर उठा हूँ,

लेकिन कौन जाने मेरे दर्द को, कि, मैं लहूलुहान हो चला हूँ।

मुझे ये तक पता नहीं कि, मेरा साया भी साथ है या नहीं,

फिर भी मैं अपने कंधों पे, सारे जहान को लिए चला हूँ।

हजारों बुराइयों के बीच भी, अच्छाई का दामन मैं थामे खड़ा हूँ,

बदगुमानी है शायद ये मेरी, जो मैं महान बनने चला हूँ।

परिवर्तन प्रकृति का नियम

कभी जबरदस्त उत्साह तो कभी, निराशा का सामना करना पड़ता है,

कभी हँसी-खुशी का आलम, तो कभी रोना भी पड़ता है।

समय बदलता ही रहता है, इंसान को मजबूत करने के लिए,

सुख दुख दोनों ही आते हैं, जीवन को संतुलित करने के लिए।

किसी एक को भोगते-भोगते, इंसान ऊब न जाए,

किसी एक ही रंग में, कहीं इंसान डूब न जाए।

इसलिए परिवर्तन प्रकृति का नियम है, जो सबको स्वीकारना चाहिए,

गम मिले या खुशी जीवन में, सबका स्वागत करना चाहिए।

ये खट्टे मीठे अनुभव ही, मार्गदर्शन मनुष्य का करते हैं,

ये उतार-चढ़ाव ही जीवन में, क्रियाशीलता को जन्म देते हैं।

परिवर्तन के बिना इस जीवन में, जीने को क्या रह जाता,

रोजमर्रे की वही जिंदगी से, क्या इंसान बोर नहीं हो जाता।

सिर्फ पैसों का बोलबाला है

भौतिकता है पूरे चरमोत्कर्ष पर, सिर्फ पैसों का बोलबाला है,

एहसासों की कोई कद्र नहीं, सुनहरी संवेदनाओं पर कलंक का साया है।

अच्छाई से किसी को सरोकार नहीं, ईमानदारी पर संकट आया है,

भले इंसानों को भी बुराई ने, अपने कदमों तले दबाया है।

मृत्यु की तरफ बढ़ती जिंदगी का भी, वजूद मिटाने कोई आया है,

सत्य और अहिंसा की राह पर भी, पाप का साया मंडराया है।

कर्म की पूजा करने वालों के लिए, ऐसा संघर्ष का दौर आया है,

कि, जीवन की आकांक्षा फिर से करना भी, घृणित कार्य नजर आया है।

सब कुछ बिकाऊ है इस जहां में, इंसान ने बाजार बना दिया है,

प्यार तो जिंदगी है इंसान की, उसका भी मोलभाव शुरू कर दिया है।

अनंत इच्छाओं को पूरा करते-करते, वो और भी हिंसक होता गया है,

कुदरत के खूबसूरत आंचल से, वो महरूम होता गया है।

मैं करोड़ों बच्चों का पिता बना

बिन विवाह के मैं गृहस्थ बनकर, करोड़ों बच्चों का पिता बना,

उनकी रग-रग में मेरा लहू न सही, लेकिन उनकी पीड़ा में लहू मेरा जला।

अभाव और भुखमरी में पैदा हुए, साथ में नफरत का विष पिया,

उत्पीड़न, शोषण, अत्याचार से, जीवन, अभिशाप बन गया।

जीवन के थपेड़ों से लहू-लुहान होकर, उनका रोम-रोम रक्त में सना,

क्षत-विक्षिप्त होकर कोई यहाँ गिरा, तो कोई राहों में बिखर गया।

घृणा हो गई इस जीवन की उत्पत्ति से, जो कदमों तले मसला गया,

उनकी धमनियों से रक्त निकलकर, रिसता चला गया।

ये जीवन, घुटन बनकर, जिन्दा लाशों का शमशान बन गया,

ईश्वर स्वयं जल्लाद बनकर, ये कैसा खेल, खेल रहा।

उसी के बन्दों ने सौदा किया, और बोटी-बोटी में विभाजित किया,

जिस बच्चे को बनने में नौ महीने लगे, वो टुकड़े-टुकड़े एक पल में हुआ।

संवेदन शून्य होता समाज

संवेदना की कोई कीमत नहीं, सब पैसे को चाहते हैं,

चंकाचौंध की इस दुनिया में, लोग दिल को रौंद जाते हैं।

पता नहीं क्या हुआ जमाने को, सब दिखावे में नजर आते हैं,

मानव मूल्यों की कोई हस्ती ही नहीं, लोग धोखे दिए जाते हैं।

दौलत है अगर आपके पास, तो पराए भी खिंचे आते हैं,

वर्ना आपके अपने भी, रूठ कर चले जाते हैं।

खूबसूरत चेहरों की आड़ में, जो फरेब किए जाते हैं,

अपनी मीठी-मीठी बातों से, छुरी दिल पे चलाते हैं।

अपनी नाजो-अदाओं से, जो हुस्न की बिजली गिराते हैं,

मंजिल से भटकाकर, तनहा मरने को छोड़ जाते हैं।

हैलो-हाय बोलकर, प्रवेश दिल में कर जाते हैं,

और फिर सॉरी कहकर, दिल को तोड़ जाते हैं।

जो चाहोगे मिल जाएगा

सेहत गँवा के तुमने जो पाया, वो किसी और का हो जाएगा

जो मर्जी चाहे तुम कर लो, काम तेरे न वो आएगा

कोई बड़ी बात नहीं, तुम्हें हासिल सब हो जाएगा

लेकिन किस काम का, जब शरीर साथ न निभाएगा

जिसको तुमने समझा है, असल में वो दौलत है ही नहीं

तुम्हारा खजाना है तुम्हारे भीतर, तुम्हें सबकुछ ये दिलाएगा

जब तक तन-मन है स्वस्थ तुम्हारा, तुम्हें इसकी खूबी का एहसास भी नहीं

एकबार खोकर पता चलेगा, जब कुछ भी वापस न आएगा

तुम जिंदगी में जहाँ तक जाओगे, सबकुछ है इसके दम पे

ये उत्साह और उर्जा का भंडार, जो चाहोगे मिल जाएगा।

लेकिन आदमी वो अच्छा है

धन-दौलत न यशगान, न लाग लपेट न तामझाम

मोल-भाव उसे आता नहीं, दुनियादारी में वो कच्चा है।

जो मर्जी जमाना कहे, लेकिन आदमी वो अच्छा है

बातों की बनावट नहीं, न लोगों को रिझाने पे आमादा है

धोखे फरेब की दुनिया में, वो सीधा-साधारण सच्चा है

जो मर्जी जमाना कहे, लेकिन आदमी वो अच्छा है

पद, नाम की उसे लत नहीं, सियासत से वो अछुता है

सारी उम्र तो ढल गई, दिल से फिर भी बच्चा है

जो मर्जी जमाना कहे, लेकिन आदमी वो अच्छा है।

हौसला फिर भी बुलंद है

लावा सा निकल रहा है, वक्त का दरिया ये प्रचंड है,

ठोकर लगती है बार-बार यहाँ, हौसला फिर भी बुलंद है।

दिल टूटने की यहाँ गारंटी है, कोई कुछ भी कहने में स्वछंद है,

तुम्हें सहने की सौगंध है, हौसला फिर भी बुलंद है।

करते रहो अपने मन की, तुम्हें जो कुछ पसंद है,

लाख जमाने का प्रतिबंध है, हौसला किर भी बुलंद है।

निभाते चलो हर बंधन को, बड़ा नाजुक हर संबंध है,

सीना छलनी है तेरा तो क्या, हौसला फिर भी बुलंद है।

हमेशा लेने की फिराक में रहते हो, यहाँ देने में आनंद है,

सबकुछ कर दो मालिक के हवाले, हौसला फिर भी बुलंद है।

उसको खुद का इल्म ही नहीं, क्या उसको नापसंद है,

और मुझको यहाँ ये जिद है, कि हौसला फिर भी बुलंद है।

कँपकँपाकर चलती है जोरों से साँसे, यहाँ इतनी ठंड है,

लड़खड़ाते हैं कदम तो क्या, हौसला फिर भी बुलंद है।

जो होता है होने दो, मेरा इरादा अखण्ड है,

हर हाल में मैदान में डँटा हूँ, हौसला फिर भी बुलंद है।

जैसे चाहे तू आज़मा ले, मेरे पास हर प्रबंध है,

इन खेल तमाशों का मैं आदी हूँ, हौसला फिर भी बुलंद है।

मैंने कभी जताया नहीं, कि वो मेरा अहसानमंद है,

खामोशी से सबकुछ लुटाता रहा, हौसला फिर भी बुलंद है।

मुक्तक

1. खुदखुशी मैंने कर ली, मैं तुझमें डूब जाना चाहता हूँ,

अब तो हाथ उठाकर, मैं सिर्फ फरियाद करना चाहता हूँ,

उसकी और मेरी मोहब्बत में, फर्क है सिर्फ इतना,

वो आबाद होना चाहता है, मैं बरबाद होना चाहता हूँ।

2. सिर्फ दिन के उजाले की बात नहीं, रात के अंधेरे से भी वफा है,

ऐ जिन्दगी तेरे हिसाब-किताब का, मैंने पुर्जा-पुर्जा संभालकर रखा है,

मैं अपनी जानता हूँ, मैंने खुद को कर दिया तुझपे फना,

अब तेरी तू ही जाने, तू मुझसे क्यूँ खफा-खफा है।

3. खुशी तुमसे मिली, और खुशी का इस्तेमाल कहाँ हो रहा है,

बामुश्किल वो काम भी, बड़े आराम से हो रहा है,

मन की हालत यही रहती, तो थक हार के मैं बैठ जाता,

जोश, जुनून से ये काम तमाम, बड़े एहतराम से हो रहा है।

4. पल-पल जीने की तरकीब, मुझको तुम सुझाया करो,

जिंदगी को इसी तरह, तुम रोज रिझाया करो,

वक्त, बेवक्त इस जहाँ में, कोई साथ निभाए, न निभाए,

खुद को इसी तरह, तुम रोज आजमाया करो।

5. उसको जो भी मिला है, सब उसके नसीब से,

मैं तो गुजरा भी नहीं, कभी उसके करीब से,

दुआएँ किसकी कब लगी, भला उसको खबर ही नहीं,

वो अब भी पूछ रहा है, अपने हबीब से,

शब्दार्थ – हबीब-मित्र, दोस्त, यार

6. बहुत बोलने का मिला मौका, मैंने चुप रहकर काम चलाया,

जाने मैं क्या कर जाता, बहुत दिल को मैंने समझाया,

साथ होता कैसे गुजारा, तूने सबको इतना दहलाया,

ठंडा पानी पी पीकर, मैंने फिर भी साथ निभाया।

7. अपने दिल के टुकड़े को, जुदा करूँ खुद से कैसे,

अपनी आँखों के सामने, विदा करूँ खुद से कैसे,

उस मासूम को तो पता भी नहीं, इस दुनियादारी का मतलब,

उसका मुझपे ये हक, अदा करूँ खुद से कैसे।

8. हिम्मत किसी ने की, तो पर्वत भी झुकने लगे,

सदियों से खो गये थे, वो रास्ते भी मिलने लगे,

मेहनत में कसर न छोड़ी, तो जमीं आसमां ये महकने लगे,

किसी की दुआएँ लग गई है, फूल सर पे बरसने लगे।

9. जिंदगी के फलसफे, जानता है हर कोई,

फिर भी मन की दरारों से, निकला नहीं कोई,

बहुत उघेड़बुन है, फिर भी है यही जुनून,

बार-बार उसके इशारों से, संभला नहीं कोई ।

10. वैसे तो जिंदगी, बेमतलब है यहाँ,

फिर भी जीने की, इतनी तलब है यहाँ,

वो तो अच्छा है, इतनी बेहोशी है यहाँ,

वरना होशो हवास में, इतनी रंगीनी है कहाँ।

11. बदस्तूर जिंदगी का साथ, यूँ ही मिलता रहा है,

मुद्दतों से ये सफर, यूँ ही चलता रहा है,

मुझे मालूम है वो भी मुझसे, कुछ कहना चाहता है,

फिर भी दरिया की तरह, अपनी धुन में बहता रहा है।

12. अंधेरों ने भी साथ निभाया, मुझे रौशनी मिलती रही,

मैं तनहा कब था, मेरे संग-संग, मेरी परछाई चलती रही,

सिर्फ तब तक की थी दूरी, जब तक चलना शुरू न किया था,

हाथ मेरा पकड़कर खुद मंजिल, ये फासला तय करती रही।

13. एक अजनबी ने अपने नजरिये से, वो नजारा दिखा दिया,

उसने दुनियादारी का, मुझे मतलब सीखा दिया,

वैसे तो मैं कभी, सुनता नहीं हूँ किसी की,

मेरे सीने पे उसने नाम, अपना जबरन लिखा दिया।

आज़ाद अश़आर

1. मैं जिसपे मर मिटा, वो मेरे सामने था खड़ा,

खुद को मुझसे सँभाला न गया, मैं कहते-कहते रो पड़ा।

2. जिन गलियों से मैं गुजरा हूँ, उसमें तेरी तस्वीर भी है,

यहाँ कहीं फिरता है कोई राँझा, कहीं राँझे की हीर भी है।

3. बेशबब यूँ ही फिरते हो, जरा मुझे भी साथ ले लो,

तेरे संसर्ग की खुशबू से, बेशक मैं निखर जाऊँगा।

4. मालिक ने जो दिया, मैंने वो किरदार जी लिया,

जिन्दगी का हर रंग, लहू में घोलकर पी लिया।

5. उसकी कब्र पे जाकर, मैं रोना चाहता हूँ,

दुनियादारी की है कैसी मजबूरी, कि मुझे हँसना पड़ रहा है।

6. मैंने इस जिंदगी में पाया बहुत है, प्यार उसने मुझसे जताया बहुत है,

वैसे तो कोई साथ, रहता नहीं हमेशा, फिर भी उसने साथ, निभाया बहुत है।

7. ऐ मालिक तेरे बन्दों पे, मैं कैसे यकीन करूँ,
वो कहते कुछ और हैं, और करते कुछ और हैं।

8. मेरे पास खुशी का, कोई कारण तो मिला नहीं,
फिर भी एक एहसास है, कोई खुशी मुझे मिली है।

9. वक्त का मारा हुआ, वो खुद से इतना रूठा है,
मेरे संग-संग रहनेवाला, आज मुझसे दूर-दूर बैठा है।

10. साथ-साथ चल तो पड़े, फिर भी एक फासला रहा,
तू मेरे संग न रह सकी, मैं तेरे बिन न रह सका।

11. यहाँ कौन है किसके लिए, सबको अपनी-अपनी पड़ी है,
अगले पल का नहीं ठिकाना, फिर भी हाथों में सबके घड़ी है।

12. उसके इशारे की देर है, मैं तो निकल पड़ता हूँ,
उससे और मैं क्या माँगू, मेरा तो हर काम वही करता है।

13. औरों से क्या लेना, मुझको है बस इतना यकीन,
मुझे जब भी जरूरत पड़ी, तू कहीं आस-पास रहता है।

14. हाथ फैलाए जो खड़े रहते हैं, मैं उनसे क्या उम्मीद करूँ,

मुझे देने के काबिल बनाया, मैं बस अपना काम करता चलूँ।

15. मैंने जब भी उससे पूछा, उसने हमेशा झूठ कहा,

फिर भी जाने क्यों, मैं उसपे यकीन करता गया।

16. भला किसकी खातिर, कब मौसम ने मिजाज बदला,

बारिश भी होती रही, और मैं अपना काम भी करता रहा।

17. रुलाने पे सब तुले हैं, तुम भी रोने पे आमादा हो,

ये जिन्दगी तुम्हारी अपनी है, बस हँसने का बहाना ढूँढ़ लो।

18. मिलता हूँ रोज लोगों से, हर शख्स यही गाता है,

उसे सुनने में यकीन नहीं, बस अपनी बात सुनाना चाहता है।

19. मुँह लटकाए यूँ खड़े हो, किस काम की ये अमीरियत,

तुमसे तो अच्छा वो गरीब है, जो खुलकर हँस रहा है।

20. बातचीत का ये सिलसिला, काश हमेशा यूँ ही चले,

आप मुझे तुम कहो, और मैं आपको आप ही कहूँ।

21. आजादी की खुली हवा में, साँस लेने का मतलब न पूछो,

कई घर उजड़े हैं, तब ये दिन नसीब हुआ है।

22. उसे जिन्दगी ने इतना रगड़ा, कि वो दम तोड़ ही चुका था,

लेकिन एक उम्मीद की किरण मिली, और फिर से वो जी गया।

23. परीक्षा का ये दौर, तब जाकर कहीं टलता है,

आखरी उम्मीद हारने से पहले, मनचाहा संसार मिलता है।

24. हर कोई नहीं समझता, यहाँ बोलने का मतलब,

बहुत बार चुप रहकर भी, अपनी बात कही जाती है।

25. जरूरी तो नहीं हमेशा, कुछ बोलकर ही कहा जाए,

काश मेरी खामोशी का, उसे मतलब समझ आ जाए।

26. जो करना है अभी कर ले, कल का क्या पता,

लो फिर से रात आ गई, और ये दिन भी ढल गया।

27. पीछे लौट जाना तो, हमेशा से मुमकिन था,

लेकिन आगे बढ़ने का, नशा ही कुछ और है।

28. जाने क्या बात हुई, मन ही मन उबल रहा था,

शीतल हवा ने ऐसे छुआ, मैं पानी-पानी हो गया।

29. सारी जिन्दगी उसके लिए, मैं हर दम ही खड़ा रहा,

लेकिन मैंने उसको पुकारा, तो उसका निशान तक न मिला।

30. मुझे पहले से मालूम था, फिर भी उसका साथ निभाया,

लेकिन मैंने उसको आजमाया, तो उसने मजबूरी अपनी बता दी।

31. मैं भी हालात का मारा, लेकिन उसके लिए सब झोंक दिया,

मैंने उसको टटोलकर देखा, तो वह मैदान छोड़ चुका था।

32. सारी जिंदगी, ये खलिस दिल में ही रही,

उसने बेबसी में मुझसे कुछ माँगा, और मैं दे भी न सका।

33. सपनों के बंद दरवाजों के भीतर, कोई और ही दुनिया बसी थी,

नींद से जब जागा, तो वही पुराना खेल पाया।

34. पुछा मैंने बहुतों से, लेकिन जवाब न मिला,

क्या जिंदगी इतनी मुश्किल है, कि उसे मरना आसान लगा।

35. बारिश की बूँदों ने भी, भरसक साथ निभाया,

फिर से बदला है मौसम ने मिजाज, और सर्दियों का आगमन है।

36. जिंदगी में टूट जाने के, बहाने तो बहुत हैं,

वो ईश्वर भी झुकता है, एक बार हौंसला करके तो देखो।

37. अगर तुम चल पड़े हो तो, कहीं न कहीं पहुँच ही जाओगे,

दुश्वारी तो उनके लिए है, जो चलने को तैयार नहीं है।

38. किस्मत को कोसते रहने की, ये कौन सी मजबूरी है,

अवसर सामने से गुजरे तो, पहचानना भी जरूरी है।

39. इंसान की इच्छाशक्ति का, कहीं कोई सानी नहीं,

जिनकी जान पे बनी हो, वो रास्ता निकाल ही लेते हैं।

40. बारिश की नन्हीं बूँदों से, मुझे क्या कुछ मिल रहा है,

मैला पड़ा मन का आँगन, खुद-ब-खुद धुल रहा है।

41. कीमत ही अगर चुकानी है, तो अमीरी की कीमत चुकाओ,

गरीबी की कीमत चुकाते-चुकाते, तो कई पुश्तें गुजर गई हैं।

42. जिंदगी में और क्या चाहिए, बस एक खुशी मिलती रही,

मनचाहा काम भी हो गया, और रिमझिम बूँदे भी बरसती रही।

43. खुले मन से हमेशा यूँ ही, सदा तुम बढ़ते चलो,

तुम्हें खुद पे यकीन न होगा, कब मंजिल मिल जाएगी।

44. ये हौसला, ये हिम्मत, ये जोश-ए-जुनून किसके लिए,

क्या फायदा, जब आड़े वक्त, किसी के काम ही न आए।

45. वो कहाँ किसी की सुनता है, उसे खुद पे बहुत नाज़ है,

आज सुनना है मजबूरी, उसकी तबीयत जो नासाज़ है।

46. इतना जो उसे मिला है, उसकी कोई कद्र नहीं,

जो नहीं है उसकी तमन्ना में, वो खामखाँ परेशान है।

47. हर तरफ था घोर अंधेरा, मैंने परेशानियों को बटोर रखा या,

नज़रिया जैसे ही बदला, भरपूर उजाला हो गया।

48. वो कौन है जिनके लिए, तुम जान देने पे आमादा हो,

टटोलकर देखो तो उनके लिए, तुम्हारी जान की कीमत क्या है।

49. इस भरी पूरी सारी दुनिया में, कौन है किसके लिए,

अपना-अपना सबका किरदार है, बस निभाया और चल दिए।

50. जमाने की कारगुजारियों पे, अब मुझे कुछ नहीं कहना,

क्योंकि मैंने अपने आप पे, आजकल हँसना सीख लिया है।

51. उसका ये अजीब अंदाज, मुझे आज तक समझ न आया,

वो मुझे गाली भी भरपूर देता है और प्यार भी बेइन्तहाँ करता है।

52. वो मुझसे पूछता है, मेरी तबीयत कैसी है,

अब आपने पूछ लिया है, तो अच्छी लग रही है।

53. कोई तो उसे मिले, जिससे दुखड़ा अपना वो रोए,

इतना ही सबकुछ अच्छा है, तो उसे अच्छा क्यों नहीं लगता।

54. वो कबसे है इस इन्तजार में, कि कोई तो रोना रोए,

ताकि जल्दी से उसे पकड़कर, अपनी जमात में शामिल कर ले।

55. मेरी सेहत, मुझपे ये नेमत, उसे बिल्कुल बर्दाश्त नहीं,

वो कब से है इसी कोशिश में, कि मेरी हिम्मत कम हो कैसे ?

56. चल रही हैं आज साँसे, तो हवाई किले मन मर्जी बना लो,

कुछ पल की ये माया है, इसे ढहने में वक्त नहीं लगता।

57. मुझको यही गुमान था, बस मैं ही मैं हूँ,

ठोकर लगी तो एहसास हुआ, बस तू ही तू है।

58. यूँ ही दिखा रहा था, कि वो मुझसे रूठा है,

प्यार पाने का अच्छा बहाना है, असल में वो झूठा है।

59. ये जिंदगी की करामात नहीं, तो फिर और क्या है,

कितना भी गहरा जख्म हो, वक्त के साथ भर ही जाता है।

60. बेशकीमती है हर वो चीज, जब तक पहुँच से दूर है,

एक बार हासिल हो जाए, फिर उसका कोई मोल नहीं।

61. वो कभी मिला ही नहीं, जिसे ढूँढ़ते थे सितारों में,

नूर वैसा ही कुछ बरसने लगा, उसके उन इशारों में।

62. ये वादियाँ अपनी धुन में, कुछ ऐसे गा रही है,

जैसे बारिश से मिट्टी के मिलन की, खुशबू सी आ रही है।

63. कुदरत ने चारों तरफ, ये कैसा कहर बरपा रखा है,

ये हवाएँ कहाँ से चली आई, मन का मौसम ही बदल गया।

64. मुझसे भला बुरा जो भी कहा, मैंने उसको माफ किया,

खुद से शर्मिन्दा होकर, वो एक अरसे बाद मुझसे मिला।

65. ठीक ही कहा आपने, कि मुझे लिखना नहीं आता,

बचपन से लिख रहा हूँ, और सीखते रहने का इरादा है।

66. कौन कहता है यहाँ, कि मंजिल मिलती नहीं,

हिम्मत तो करके देखो, रास्ते खुद-ब-खुद चलने लगते हैं।

67. इस घनघोर बारिश के मौसम में, मुझको और क्या चाहिए,

एक कप गर्म चाय के साथ, बस एक नमकीन सी चेक चाहिए।

68. उसके मन का अंधेरा, मैं दूर करने चला था,

मेरे मन के भीतर, उजाला सा हो रहा है।

69. उसकी शख्सियत है कुछ ऐसी, जहाँ-जहाँ भी वो चला,

मेरे पास से कभी गुजरा भी नहीं, फिर भी मुझे भला सा लगा।

70. मन की इस माया की, रफ्तार न पूछो मेरे यारों,

बैठे-बैठे सारी दुनिया, मैं यूँ ही घूमता रहा।

71. महकता फूल अंगारों पे गिरकर, बेशक झुलस तो गया,

कहाँ खुशबू का घर है अपना, वो फिजा में मिल ही गया।

72. इस जहाँ में किसी की दुआ से, जो भी मिले क्या कम है,

वरना रोने वालों को, खुशी में भी गम है।

73. बार-बार नम आँखों से, उसने हँसने की दुआ माँगी,

उसे क्या मालूम इन आँसूओं की, कीमत बहुत ज्यादा है।

74. अपने-अपने हिसाब से, हम दोनों हैं खुश यहाँ,

वो बाहर की दुनिया में व्यस्त है, मैं भीतर की दुनिया में मस्त हूँ।

75. बेशक शरीर की मेहनत का, कहीं कोई जवाब नही,

और उसपे मन का साथ मिले, तो सफलता का हिसाब नहीं।

76. रोज घर से निकल जाने की, मजबूरी मैं समझता हूँ,

कभी खुद के साथ बैठने से भी, बहुत से मसले हल होते हैं।

77. आज उसको ये एहसास नहीं, वो खून का दरिया बहा रही है,

अब खुद पे कौन तोहमत लगाए, कि उसकी जुबां लड़खड़ा रही है।

78. जोरों की आग मुझमें लगी थी, तुझमें भीगने को दिल किया,

वो तमन्ना तो यूँ ही रही, मैं बस खाक हो गया।

79. उसको यही गुमान था, कि मैं उसकी वजह से हूँ,

उसे मिटा के रख दिया वक्त ने, निशान तक बाकी नहीं।

80. जिस वक्त के रथ पे सवार, तुम हवा में उड़ रहे हो,

इतिहास गवाह है वो वक्त, कभी किसी का हुआ ही नहीं।

81. दहक रहे हैं दिल में अंगारे, फिर भी मुझसे किनारा नहीं,

उसको मालूम है मेरे बिना, उसका कहीं कोई गुजारा नहीं।

82. दिनभर उसकी कमी, मुझे इस कदर खलने लगी,

कि सारी रात रह-रह के, वो मुझे याद आता रहा।

83. जो कुछ भी है मेरे वश में, मैंने सबकुछ झोंक दिया,

फिर भी हूँ इसी उधेड़बुन में, कि और क्या बेहतर करूँ।

84. है उसमें गजब़ का हुनर, वो बड़े सलीके से मिलता है,

सियासत की है सारी खूबियाँ, वो बस अपने काम से काम रखता है।

85. मेरा घर न ठिकाना, मैं इस आबोहवा में बहता हूँ,

मुझे दिल से याद कर लो, मैं तुम्हारे भीतर ही रहता हूँ।

86. माना की दवाओं के बिना, आपका गुजारा नहीं,

बहुत सारे मर्ज फिर भी, दुआओं से ठीक होते हैं।

87. अलसाया हुआ बदन, बिस्तर को ढूँढ़ रहा था,

मौसम ने बदला मिजाज, कि मुझमें ताजगी सी आ गई।

88. जिंदगी की जद्दोजहद का, कभी खत्म न होगा सफर,

तबीयत उसकी बहुत नासाज़ है, तुम्हारे मिलने से होगा असरा।

89. छोड़ो सारे काम, अभी जाकर उससे मिल,

जाने कब इस दुनिया को, वो अलविदा कह दे।

90. उसकी मर्जी वो, जो चाहे जहर उगले,

मैं उसकी खिदमत करते-करते भी, कसूरवार हो गया।

91. सुनना, न था उसे गँवारा, जो कहना था कह गया,

उसे एहसास जब तक होता, उसका सबकुछ बिखर गया।

92. वो सुनने को तैयार नहीं है, कोई कैसे उससे कहे,

मेरे वश में था जो भी किया, अब अपने हिस्से का वो भी सहे।

93. घर के ऐशो आराम से, मैं झूठ मूठ का परेशां था,

बाहर भूख से तड़पते लोगों को देखा, तो सच्चे दर्द का एहसास हुआ।

94. जिनसे तुम डर रहे हो, वे खुद हैं डरे हुए,

उनके बारे में सोच-सोचकर, खुद क्यों मरे जा रहे हो।

95. जिसको फर्ज़ समझकर, तुमने खुद को दांव पे लगाया,

उन सबको भूल जाने में ही, अब तुम्हारी भलाई है।

96. इस वतन पे मर मिट जाता, तो शायद कुछ भला होता,

तुम पे जान देकर, मैंने अपना वक्त जाया किया।

97. मुझको मालिक ने बनाया, मैं कुछ और भी कर सकता था,

मुझमें कैसी ये आग लगी, किन झमेलों में पड़ गया।

98. जीवन का ये सिलसिला, मेरी समझ से बाहर है,

जाने वो कौन सी मजबूरी थी, कि लोग जीते और मरते रहे।

99. मुझे बहुत खुजली हो रही थी, उसपर चनूने भी काटने लगे,

मैं कहाँ इस दुनियादारी के, चक्करों में पड़ गया।

100. दर्द देने वालों को, जब खुद दर्द का एहसास हुआ,

रात को नींद से जगाकर, उसने हाल मेरा पूछा।

101. गाली सुनाने के लिए, क्या तुझे मैं ही मिला,

कोई और भी मिल जाएगा, जरा ढूँढ़ कर तो देखो।

102. मुझे मालूम है उसके पास, शब्दों का भंडार है,

फिर भी मुझसे कहने पे आया, तो उसने किफायत बरती।

103. बेशकीमती है, हर शब्द, इन्हें यूँ न जाया करो,

पहले खुद पे आजमा के देखो, तब किसी और पे वारा करो।

(वारा – निछावर करना)

104. अच्छाई की राह में मेरे ही अवगुण, जब आड़े आने लगे,

जबरन सर इनका, मुझे कलम करना पड़ा।

105. हर सवाल का जवाब, देने की जरूरत नहीं,

बहुत बार खामोशी भी, खुद एक जवाब होता है।

106. देने पे जब वो आया, तो उसने कमाल कर दिया,

बिन माँगे ही उसने मुझे, मालामाल कर दिया।

107. कुदरत के नजारों की लुकाछिपी का, ये खेल भी लाजवाब है,

कभी धुप निकल आती है, कभी बारिश होने लगती है।

108. अगर खुद से बात करने को, लोग पागल समझते हैं,

तो फिर मुझको कोई बतलाए, यहाँ पागल कौन नहीं है?

109. वो बंदा पेश आता है, मुझसे बड़े अदब से,

मैं दुनिया की बात सुनू, या यकीन करूं खुद पे।

110. मेरी मुलाकात हुई जिस मासूम, जिस हसीन मंजर से,

कत्ल मेरा यकीनन होना था, उसी कमसिन खंजर से।

111. उस फरेबी के फन का, कमाल न मुझसे पूछो,

भरी महफिल में उसने मुझे, झूठा साबित कर दिया।

112. कैसे कोई इंसान, पत्थर सा जड़ हो गया,

लाख मेरी मिन्नतों के बाद भी, दिल उसका न फिर भी पसीजा।

113. उस बुरी खबर के बाद, मैं लगभग सदमें में था,

फिर भी था मुझे यकीन, कोई अच्छी खबर आने वाली है।

114. वो बोलने पे आया, तो बोलता ही रहा,

मुझे मालूम है मेरे सिवाय, उसका कोई सुनने वाला नहीं।

115. मैं जब घर से निकला, तो मुझको अंदेशा था,

फिर भी मुझे खुशी है, भले खाली हाथ लौट आया।

116. रोजी-रोटी के खेल में, रोज वो रस तो नहीं,

फिर भी हौसला रखो, जिन्दगी यहीं बस तो नहीं।

117. वो चिल्लाकर बोलता रहा, मैं चुप-चाप सुनता रहा,

उसकी भड़ास निकल गई, और मामला शान्त हो गया।

118. वक्त जाया करने का, ये एहसास ही काफी है,

अभी भी कुछ नहीं बिगड़ा, अगर तुम चलने को तैयार हो।

119. हमेशा के लिए कुछ पाया नहीं, न हमेशा के लिए कुछ खोया,

आज जिस मोड़ पे मैं खड़ा हूँ, कल कोई और खड़ा होगा।

120. जो कुछ भी मुझे चाहिए, मैं निकाल लाया ख्वाब से,

फिर भी हुआ वो काम, अपने ही हिसाब से।

121. ऐसा भी है यहाँ मुमकिन, तुमको कोई भी न जानेगा,

तुम्हारे बारे में तो तुमको पता है, बस अपना काम करते चलो।

122. मन मेरा मौसम की तरह, हिचकोले ले रहा है,

कब बारिश धूप को भिंगा दे, कहीं कुछ भी पता नहीं।

123. बिस्तर की सिलवटों में, तू रातभर दमकती रही,

मैं इतना नशे में था, कि सुबह उठना हुआ ही नहीं।

124. समन्दर की वादियों में, मैं इस कदर खोया रहा,

कि सारी जिंदगी गुजर गई, मैं लहरों में सोया रहा।

125. हुआ कुछ ऐसा असर, कि नींद में ही खो गया,

वो सपना ही इतना प्यारा था, कि मैं उठकर फिर सो गया।

126. वो आसमां पे चढ़के बैठा तो है, खिसक चुकी है उसकी जमीं,

जिंदा है कहने भर को, किसी मुर्दे से कम नहीं।

127. उसकी ये बीमारी, बस मन का वहम है,

हाल भर पूछ लेने से, वो चंगा हो गया।

128. चुनौतियों से भागना, आसान तो है,

फिर भी इनसे जुझने में, अपना ही मजा है।

129. उड़ती-उड़ती खबर सुनी है, हाथों में हासिल कुछ भी नहीं,

नस-नस में जाने कैसे, खुशी की लहर दौड़ गई।

130. मुँह मोड़कर गुजर जाने से, बात तो बनेगी नहीं,

कहीं किसी मोड़ पे, आमना-सामना फिर से होगा।

131. ऊँचे-ऊँचे दरख्तों का, छाँव देने से क्या वास्ता,

गगन को चूम लेने की, उनमें होड़ बड़ी है।

132. मेरे दर्द पे जनाब, बहुत गहरी नींद में थे,

जरा सी ठोकर लगी, तो आँसू बहाने लगे।

133. एहसासों के समंदर में, कहाँ बिखरे-बिखरे पड़े हैं,

सज-धजकर बाहर निकलने को, मेरे शब्द तड़प रहे हैं।

134. बहसबाजी का वो वक्त, गुजार लो चुपचाप से,

मामला खुद ही सुलझ जाएगा, अपने आप से।

135. वो कहने लगे मुझसे, हर सलीका आपको आता है,

जिंदगी ने बहुत तराशकर, ये हुनर हमें बख्शा है।

136. वो मुझपे बेवजह बरसने लगा, लेकिन मैंने कुछ कहा नहीं,

वक्त गुजरा तो खुद उसे, अपनी गलती का एहसास हुआ।

137. आग के बदले आग देता, तो विस्फोट तय था,

मैंने वक्त रहते, पानी का इस्तेमाल किया।

138. इसी तरह जी जान से, मैं इस मिट्टी की खिदमत करता,

आखिर ये देश तेरे हाथों में, मुझे छोड़कर जाना पड़ा।

139. जिंदगी की ऊँचाइयाँ अपने साथ, डरावनी गहराइयाँ भी लाती है,

देखो मेरे दोस्तों, जरा संभल-संभल के कदम रखना।

140. सेहत की नेमत जो मालिक ने बख्शी है, इससे बेहतर कुछ भी नहीं,

अगर यकीन न आए तो, बीमार रहकर भी देख लो।

141. जिंदगी को समझकर जीना, तकरीबन नामुमकिन है,

यहाँ वक्त काटने के लिए, नजरों का धोखा भी चाहिए।

142. जो कुछ है आसानी से हासिल, उसका कोई मोल नहीं,

वरना तुमने जो कुछ खोया है, उसकी कीमत बहुत ज्यादा है।

143. बुला तो लिया उसने, मुझको जिद करके,

अपनी ही महफिल में, अब शर्मिन्दा है वो खुद से।

144. जिंदगी के सारे ताम-झाम, जितने मर्जी चाहे जुटा लो,

तुम्हें एक दिन तो पता चलेगा, कि सेहत से बढ़कर कुछ भी नहीं।

145. कोई अचंभे की बात नहीं, वो मुझको बुलाने लगा है,

मुझको भी अनायास ही, ख्याल उसका आने लगा है।

146. जिंदगी के सारे जोड़-घटाव, सब है मेरी तरफ से,

मालिक जब देने पे आया, तो उसने कोई हिसाब न किया।

147. जिंदगी में अपने-अपने हिसाब से, सबने खुशी ढूँढ़ ली,

मैंने ऐसा क्या किया, जो वो मेरी वजह से खुश है।

148. उसके बारे में मेरा ख्याल, जरूरत से ज्यादा है,

उसने तो अपने जज़्बातों को, कभी जाहिर न होने दिया।

149. मैं ही मर मिटा हूँ, और मैंने जाहिर भी कर दिया,

उसकी बेफिक्री का ये आलम है, जैसे उसको खबर ही नहीं।

150. सेहत अच्छी और मन हो प्रसन्न, तो और क्या हासिल चाहिए,

बाकी महज नजरों का धोखा है, थोड़ा धोखा भी खा लिजिए।

151. बातें अपने आप में, इतनी उलझ के रह गई,

कि सुलझाने के लिए घर पे, खामोशी को बुलाना पड़ा।

152. मुझसे भले तो वो हैं, जो वाकई में नासमझ हैं,

मुझको तो ये एहसास है, वक्त फिर भी मैं जाया कर रहा हूँ।

153. मालिक की मुझपे मेहर है कि, खुशी ढूँढ़ने बाहर न निकला,

खुद के भीतर झांककर देखा, तो मस्ती का ठिकाना न रहा।

154. अपने-अपने चश्मे से, सब दुनिया को देखते हैं,

किसी अजूबे की तरह, वो मुझे बार-बार घूरता रहा।

155. अच्छा है इसी जन्म में, मेरा नशा उतर गया,

जन्मों-जन्मों तक साथ निभाने का, जोखिम कौन उठाए।

156. मुझे मालूम है सियासत का खेल, मेरे सामने ही चलता रहा,

मजबूरी ही थी कुछ ऐसी, कि मुझे खामोश ही रहना पड़ा।

157. कुछ भी कहने से, बात बढ़ ही जाती,

मेरे चुप रहने से, वो मामला टल गया।

158. जिंदगी की राहों में, अक्सर यही होता है,

उसने ही देर कर दी, मैं तो रास्ता तकता ही रहा।

159. कैसी ये उसकी मोहब्बत, उसने सब रश्में तोड़ी,

याद फिर भी वो आता रहा, मैंने भूलने में कसर न छोड़ी।

160. न मैंने कभी कहा, न उसने कभी सुना,

साथ-साथ चलते गए, और प्यार हो गया।

161. कहने की जरूरत क्या है, उसने सब समझ लिया,

मेरे बिन माँगे ही, मुझे मालिक ने वही दिया।

162. प्यार के बदले कोई जहर उगले, तो फिर कहने को कुछ नहीं,

उसकी इतनी कड़वी जुबान, कि मैंने चुप रहना बेहतर समझा।

163. बड़े आराम से यहाँ, जिंदगी कट रही है,

खुद को असहज करके, कौन इस मस्ती में खलल डाले।

164. नींद में रहने की, आदत जो पड़ चुकी है,

अब कौन वक्त बेवक्त, खुद को चुनौती दे।

165. बहुत सोच-समझकर उसने, अपना पक्ष रखा है,

खामखां मैं भी कैसे, उसको गलत कह दूँ।

166. जिंदगी का ये पड़ाव, बड़ी मुश्किल से पार कर रहा हूँ,

कल तक तो जिंदा था, अब तिल-तिल मर रहा हूँ।

167. गुजर रहा है वक्त, ये कैसी रफ्तार चल रही है,

थरथराए हुए बदन के भीतर, भी एक आग जल रही है।

168. बहुत मासूमियत भरे लहजे में, एक सवाल उसने पूछा है,

इसी पशोपेश में हूँ, कि उसको क्या जवाब दूँ।

169. अपनी कमी को दूर करने का, वो नुस्खा मुझसे पूछता है,

अब उसको क्या बताऊँ, खुद उस दलदल से मैं उबरा नहीं हूँ।

170. क्या फर्क पड़ता है, कौन पड़े इन झमेलों में,

मैंने भी अपने ज़मीर का, खुद से सौदा कर लिया।

171. तमाम कोशिशों के बाद भी, रोजी का जरिया मिला नहीं,

आज फिर से दिन चढ़ा, और मुझे भूख लग रही है।

172. अक्सर उस मोड़ से, मैं उस गली में मुड़ जाता हूँ,

जहाँ वो मासूम बच्चे, रोज मेरा इन्तजार करते हैं।

173. खोज मेरी पूरी हुई, वो रास्ता मिल गया,

चाबी तो टूटी लेकिन, किस्मत का ताला खुल गया।

174. कैसे वो खुद्दार इंसान, इतना मजबूर हो गया,

कि उसको अपने ज़मीर का, सौदा, करना पड़ गया।

175. आगे जाने का रास्ता, जब उसको पता चल गया,

तभी से वो मेरे, पीछे–पीछे चल पड़ा।

176. अपनी फितरत के मुताबिक, उसने आग को भरसक उकसाया,

फिर भी पानी की चादर ओढ़े, हर लौ सोई रही।

177. आ ही गया हूँ मैदान में, तो हौसला भी भरपूर रखता हूँ,

उसके फेंके आग के गोलों को, पानी में बदलने का हुनर रखता हूँ।

178. यहाँ मुसाफिर है हर कोई, मेरा क्या वास्ता किसी से,

फिर भी कोशिश यही है, कि थोड़ी मुस्कुराहट बाँटता चलूँ।

179. ये राहत है उसके लिए, या हौसला मेरा बुलँद है,

उसे बात करने की बहुत आदत है, और मुझे खामोशी पसंद है।

180. रात ने डर के साए में, कुछ इस कदर जकड़ रखा था,

कि, अगर ये सुबह न होती, तो मैं तो मर ही जाता।

181. मेरी नजरों के सामने, वो बच्चे बड़े हो गए,

लेकिन दिल मानने को तैयार नहीं, कि मैं बुढ़ा हो रहा हूँ।

182. वो बातों के शेर थे, बातों से ज्यादा कुछ भी नहीं,

गिरेबान कैसे पकड़ते, एक दूजे से डरते रहे।

183. वक्त कैसे जाया नहीं होगा, ये बच्चे जो जिद पे अड़े हैं,

अभी दिन चढ़ा भी नही है, और ये मोबाइल में लगे पड़े हैं।

184. किसी भी मुल्क का, मुस्तकबिल हैं ये बच्चे,

ये तो सुबह, शाम, दिन-रात, मोबाइल के भीतर सो रहे हैं।

185. सुबह नींद से एक दिन जागा, तो मन बहुत भारी-भारी सा था,

कुदरत के नजारों को जैसे देखा, तो खुशी से आसमां में उड़ने लगा।

186. जिसकी खुद्दारी के, कसीदे लोग पढ़ते थे,

मुझको यकीन नहीं है, वो ऐसे कैसे टूट गया।

187. बदल रहा है यहाँ सबकुछ, कुछ भी स्थिर नहीं है,

जिन आसमानों ने आग उगली, अब वहाँ से ओले बरस रहे हैं।

188. खुद से बात करने का, ये शौक मेरा पुराना है,

अब इस वक्त को फुरसत कहाँ, ये कुछ और ही दौर-ए-जमाना है।

189. तुमने कुछ कहा नहीं, न मैंने कुछ सुना,

फिर भी बात होती रही, एहसासों को इतना बुना।

190. हमेशा संग-संग चलने वाले, अब दिल उसका भर गया,

एक अजनबी की तरह, वो, मेरे सामने से गुजर गया।

191. वक्त-वक्त के हिसाब से, हमने राहें तय कर ली,

न अंधेरों से हमें गिला था, न उजालों से दोस्ती थी।

192. बात-बात में हर किसी को, कोसना फिजूल है,

उनमें जो ढूँढ़ता फिरता हूँ, वो खूबी मुझमें भी नहीं है।

193. खुद पे झुँझला रहा था, मुझे देर हो रही थी,

जाने कहाँ मुझे, जाने की जल्दी थी।

194. लोगों के हुजूम में, वो कैसे इतना तनहा रहा,

कि जिन्दगी के तमाम सफर में, बात खुद से करता रहा।

195. हमेशा ये जरूरी तो नहीं, कि खंजर से जान जाए,

शब्दों में भी बहुत धार होती है, इनसे भी कत्ल होता है।

196. उसको कहाँ ये एहसास, वो तो कह कर निकल गया,

तन-मन मेरा काँपता रहा, मैं इतना बेचैन रहा।

197. जिंदगी से जो भी चाहिए, सब है मुझको हासिल,

अब तो बस यही कोशिश है, कि ये खुशियाँ औरों को मिले।

198. क्या फायदा सब हासिल करके, मन फिर भी उदास है,

जिसके पास भला कुछ भी नहीं, वो कहीं ज्यादा बिंदास है।

199. जिसके नाम से सियासत की, उसको पता भी न चला,

लेकिन तुमने अपनी झोली भर ली, तुम्हारा हुआ भला।

200. दिल की धड़कने थम रही है, साँसे भी रूक रही है,

काम अधूरे बहुत पड़े हैं, मुझे जाने की जल्दी नहीं है।

201. उसकी हर एक साँस की, मुझे पहले से खबर रहती थी,

ऐसी करवट वक्त ने बदली, कि वो गुमनाम हो गया।

202. दो दिलों पे मोहब्बत का असर, कुछ इस तरह से हो गया,

उससे रहा न गया, और मुझसे कहा न गया।

203. दबी जुबान में मेरे लब, इतनी खामोशी सहते रहे,

कि दो पाँव मेरे जमीन पे, बात आपस में करते रहे।

204. बिन इलाज, बिन दवा के, ये कैसे काम हो गया,

सिर्फ मेरे पूछने भर से, उसे आराम हो गया।

205. भरपूर वक्त मिला, तब होश ही न रहा,

अब चलने का वक्त आया है, तो बहुतेरे काम याद आने लगे।

206. दिन की खुमारी क्या कम थी, जो मुझे रात भी रिझाती रही,

मोहब्बत भी परवान चढ़ती रही, और मुझे नींद भी आती रही।

207. मन ही मन मैंने, उसका इतना नाम लिया,

जाने, कैसे उसने जाना, वो मुझसे मिलने आ गया।

208. अपनी फितरत के मुताबिक, वो सब पे गुर्राता रहा,

हाथ पाँव मेरे काँपते रहे, मन मेरा थरथराता रहा।

उपसंहार

अंततः फिर से हम ऐसे पड़ाव पे आ पहुँचे हैं जहाँ से मुझे अलविदा कहना पड़ेगा। लेकिन वादा करता हूँ कि ये सिलसिला यूँ ही चलता रहेगा और जल्द ही जादू जगाने के लिए आपके रू-ब-रू हाजिर हो जाऊँगा।

तब तक

हाथ मेरा यूँ पकड़ कर, अपनी मोहब्बत का वास्ता न दो।

तुम मेरे भीतर धड़कती रहोगी, और मैं तेरे भीतर जिंदा रहंगूा।

ABOUT THE AUTHOR

जय पाल सिंह

जय पाल सिंह जी का जन्म खूबसूरत शहर जमशेदपुर में हुआ, जिसे "स्टील सिटी" के नाम से जाना जाता है। उनका बचपन एक समृद्ध सांस्कृतिक और साहित्यिक माहौल में बीता, जिसने उनके भीतर कला और साहित्य के प्रति गहरे प्रेम का विकास किया। जमशेदपुर में प्रारंभिक शिक्षा प्राप्त करने के बाद, जय पाल ने बहुत कम उम्र से ही लेखन में रुचि लेनी शुरू कर दी। महज 13 साल की उम्र से ही वे कविताएँ और कहानियाँ लिखने लगे थे। इस लेखन यात्रा ने उन्हें न केवल एक लेखक बल्कि एक गहन विचारक भी बना दिया।

आज वे झारखंड के हरे-भरे जंगलों के बीच रहते हैं, जहाँ का प्राकृतिक सौंदर्य और शांति उनके लेखन में प्रेरणा के स्रोत हैं। कला के हर रूप से गहरे प्रेमी होने के बावजूद, उनका मुख्य झुकाव काव्य लेखन की ओर रहा है। जय पाल की लेखनी में गहराई और भावनाओं की सच्ची अभिव्यक्ति होती है। उनकी कई रचनाएँ प्रमुख समाचार

पत्रों और पत्रिकाओं में प्रकाशित हो चुकी हैं और उन्होंने अनेक पाठकों के दिलों में अपनी जगह बनाई है।

जय पाल को यात्रा करने का भी बेहद शौक है, और इस जुनून ने उन्हें दुनिया के कई हिस्सों की यात्रा करने का अवसर दिया। उनकी यात्राएँ उनके लेखन में समृद्धि लाती हैं, जहाँ वे विभिन्न संस्कृतियों और अनुभवों को अपनी कविताओं में खूबसूरती से पिरोते हैं। दुनिया के कोने-कोने से मिले अनुभव उनके विचारों और लेखन में झलकते हैं, जिससे उनकी रचनाएँ और भी सजीव हो उठती हैं।

उन्होंने दिल्ली विश्वविद्यालय से स्नातकोत्तर की डिग्री प्राप्त की है, जहाँ से उन्हें शैक्षिक और साहित्यिक दृष्टिकोण से और समृद्धि मिली। उनके लेखन में शिक्षा और अनुभवों का संगम देखने को मिलता है, जो उन्हें एक संवेदनशील और प्रभावशाली लेखक के रूप में स्थापित करता है।

जय पाल की पहली पुस्तक " Love Life Leaves" ने उनके लेखन करियर की नई शुरुआत की। यह पुस्तक प्रेम और जीवन के गहरे पहलुओं को छूती है और

पाठकों के दिलों में अपनी गहरी छाप छोड़ने वाली है। "Love Life Leaves" में जय पाल ने प्रेम, रिश्तों और जीवन की चुनौतियों को बेहद संवेदनशीलता और गहराई से व्यक्त किया है।

उनकी दूसरी पुस्तक "हौसला फिर भी बुलंद है" यह पुस्तक प्रेरणा, साहस और आत्मविश्वास की शक्ति पर आधारित है। "हौसला फिर भी बुलंद है" उन लोगों के लिए एक प्रेरणादायक स्रोत है, जो जीवन में कठिनाइयों और बाधाओं के बावजूद अपने सपनों को पूरा करने का हौसला रखते हैं। जय पाल ने इस पुस्तक में अपने विचारों और अनुभवों को बेहद प्रभावी ढंग से प्रस्तुत किया है, जिससे यह पाठकों को जीवन में कभी हार न मानने की प्रेरणा देती है।

जय पाल की लेखनी जीवन के विभिन्न रंगों और भावनाओं को सजीव करती है, और उनकी रचनाएँ लोगों को प्रेरित करती हैं कि वे अपने जीवन के संघर्षों का डटकर सामना करें और अपने सपनों को साकार करने का हौसला रखे।

वर्तमान मे जय पाल एक सफल Financial Consultant के रूप में सक्रिय हैं।